Tout ce que je sais de l'amour

DU MÊME AUTEUR

Penser le corps, *PUF, 2002*

La Pornographie ou l'Épuisement du désir, *Buchet-Chastel, 2003*

La Fidélité ou l'Amour à vif, *Buchet-Chastel, 2005*

Alice au pays du porno (avec Claude Rozier), *Ramsay, 2005*

Malaise dans la sexualité, *JC Lattès, 2006*

Je consens, donc je suis… Éthique de l'autonomie, *PUF, 2006*

Philosophie du corps, *PUF, coll. « Que sais-je ? », 2007*

Dictionnaire du corps (dir.), *PUF, 2007*

L'Éthique appliquée, *PUF, coll. « Que sais-je ? », 2008*

Extension du domaine de la manipulation, de l'entreprise à la vie privée, *Grasset, 2008*

Le Fascisme. Un encombrant retour ?, *Larousse, coll. « Philosopher », 2009*

Le Contrat de défiance, *Grasset, 2010*

Dictionnaire de la violence (dir.), *PUF, 2011*

Légère comme un papillon, *Grasset, 2012*

Michela Marzano

Tout ce que je sais de l'amour

Stock

Illustration de bande : © Matt Jamont,
à partir d'une photographie de Benjamin Colombel

ISBN 978-2-234-07723-2

À Jacques, qui m'aime telle que je suis

That love is all there is,
Is all we know of Love;
It is enough, the freight should be
Proportioned to the groove.

Emily Dickinson

Aimer la perfection parce qu'elle est le seuil,
Mais la nier aussitôt connue, l'oublier morte.

L'imperfection est la cime
Yves Bonnefoy

1

Enfant, je rêvais de l'amour

Enfant, je rêvais de l'amour. Je passais des heures entières le nez plongé dans des livres débordants d'histoires parfaites. J'imaginais des journées sans failles. Je rêvais de réécrire l'histoire de mes parents.

La vie ne pouvait être disputes et fractures. Elle devait miroiter. Pareille à la surface de la mer au printemps.

Comme si l'harmonie pouvait exister.

J'étais persuadée que je rencontrerais un jour un homme capable de tout réparer. Et je m'obstinais à y croire. Rien ne m'arrêtait.

Pas même les cris de la maison.

Je me sentais différente. Différente de ma mère, qui avait cessé d'y croire. Différente de mon père, qui n'y avait jamais cru. Différente aussi de mon frère, qui me ressemblait, mais qui avait décidé de fermer portes et fenêtres et de tourner le dos à l'amour.

J'étais convaincue que cela ne m'arriverait jamais.

Que la volonté me permettrait d'abattre tous les obstacles du réel. Qu'il fallait juste se donner la peine.

Même quand la tristesse me submergeait. Même face à l'angoisse.

L'angoisse de devenir grande. L'angoisse de la perfection. L'angoisse de ne pas être capable de mériter l'amour démesuré dont je noircissais les pages de mon journal intime, empruntant phrases et expressions aux romans et aux poèmes qui s'empilaient sur ma table de chevet.

Non pas cinquante nuances de Grey, mais un millier. Ou plutôt un million. Car les couleurs pastel ne suffisent jamais à raconter la peine que l'on a à effacer l'insupportable tristesse de son regard.

« Et puis qui a dit que le Prince Charmant n'existait pas ? » hurlais-je à mon père qui ne comprenait pas ce qui me passait par la tête.

Qu'est-ce que j'attendais de la vie ? Pourquoi ne pas se contenter de ce que j'avais déjà ?

« Tu as l'air ridicule. Contente-toi de ce que la vie te donne !

– Qu'est-ce que ça peut te faire si je suis ridicule ?

– Quand tu seras grande, tu verras que j'ai raison. »

C'est toujours ainsi que ça se terminait. J'allais m'enfermer dans ma chambre. Assise par terre devant la fenêtre. Retranchée derrière mes rêves et mes fragilités.

C'est toujours ainsi que ça se terminait. Et si mon père avait raison ? Qu'est-ce que je connaissais au monde des adultes ?

Aujourd'hui, je sais que bien des choses qui me sont arrivées sont la conséquence de ces après-midi passés à ériger des royaumes de papier. Lorsque je croyais encore au Prince Charmant. Et j'attendais de me réveiller dans ses bras. Enfin heureuse.

Si elle et lui se rencontrent, comment ne pas voir que la réponse à tous les pourquoi est là, d'ores et déjà présente ?

Aujourd'hui, je sais que la vie n'a rien à voir avec les contes de fées. Que la personne aimée ne peut pas nous apporter tout ce que nous n'avons pas eu. Qu'il ne suffit pas de se donner du mal et de faire son devoir.

Les efforts et la volonté n'ont rien à voir avec l'amour. Au contraire. Si nous faisons tout pour l'arracher, tôt ou tard la personne que nous aimons finit par nous reprocher ce que nous avons fait. Une liste interminable de tout ce que nous avons dit, prétendu, espéré, voulu, déploré.

Et alors nous ne savons plus ni quoi dire, ni quoi prétendre, ni quoi espérer, ni quoi vouloir, ni quoi déplorer.

On reste seule avec ses peurs. Seule avec une autre liste, elle aussi sans fin, pleine de questions sans réponses.

Qu'aurais-je pu faire de plus ? Qu'est-ce que je n'ai pas compris ?

Aujourd'hui, je sais que la vie n'a rien à voir avec les contes de fées. Le « à tout jamais » de l'amour ressemble à celui du lapin blanc d'*Alice aux pays des merveilles* : il ne dure qu'un instant.

Cet instant durant lequel on se rencontre et on se fait plein de promesses. Cet instant durant lequel elle ou lui glissent au fond de ce vide que nous avons en nous. Cet instant qui peut durer toute la vie, « jusqu'à ce que la mort nous sépare », vraiment « à tout jamais ». Mais seulement à condition de reconnaître que personne ne peut tenir ses promesses.

« Tu as donc fini par donner raison à ton père ? me demande Francesca, mon amie d'enfance, qui, cette fois, ne voit pas où je veux en venir.

– Quel rapport ? Je n'ai pas renoncé à l'amour, moi.

– Mais de quel amour parles-tu ?

– De celui qui te tombe dessus quand tu n'attends plus rien. Et lui, il se glisse soudain dans ton cœur, comme une bombe à retardement.

– Lui qui ? Le Prince Charmant ? »

2

Sans grande conviction

Ma relation avec Jacques a commencé sans grande conviction. Un soir de juin, un peu par hasard.

J'ai beau chercher, je n'arrive même pas à me souvenir de ce qui m'avait incitée à me rendre à cette fête. Moi qui ne sors presque jamais. Moi qui, à cette époque, étais avec quelqu'un d'autre. Qui sait ?

Certes, je n'étais pas parfaitement heureuse. Mais qui peut se vanter de l'être ? Surtout en amour.

« Arrête, lui dis-je alors qu'il s'approche pour m'embrasser. Je suis peut-être déjà amoureuse de quelqu'un d'autre. »

J'ai toujours évoqué les choses sans y aller par quatre chemins. J'ai toujours été directe, presque brutale, cash, comme disent les Français qui ne sont pourtant presque jamais cash. D'après eux, on ne jette pas la vérité ainsi à la figure des gens. On ne l'avoue presque jamais. À moins de n'avoir rien compris à la vie.

Pour survivre en société, il convient de s'en tenir aux apparences et aux bonnes manières. On ne peut tout de même pas mettre les autres dans l'embarras. À quoi cela rime-t-il de dire à un homme qu'on vient de rencontrer qu'on en aime peut-être un autre ?

Ce soir-là, pourtant, Jacques n'en avait rien à faire des bonnes manières. Au contraire. L'existence d'un autre homme dans ma vie, au fond, lui convenait parfaitement. Il venait de se séparer. Pourquoi aurait-il dû se lancer dans une histoire sérieuse ?

Une aventure parmi d'autres, juste avant de partir en vacances. Une histoire sans lendemain, bien à l'abri des remords et des justifications. Cela lui allait très bien.

C'est ainsi qu'a commencé mon histoire avec Jacques. Peut-être de la pire des façons. Vouée à l'échec, comme bien d'autres.

Car même si j'avais tiré un trait sur les contes de fées, je n'en continuais pas moins de m'amouracher du premier Prince Charmant qui passait.

Mais la vie est pleine de surprises. Elle échappe à tout contrôle. Et l'amour apparaît quand on s'y attend le moins. Peut-être parce qu'il ne parle pas le langage des évidences.

Et alors ça arrive.

Il ouvre cette porte fermée depuis longtemps à double tour. Nous poussant à nous interroger sur ce que nous cherchons. Nous forçant à régler nos comptes avec le passé.

Ça arrive. Remettant en question nos certitudes et nos projets. Même si, dans l'existence, rien n'est plus dur que le changement.

Comment, dès lors, raconter l'expérience de l'amour ? Comment ne pas être conditionné par l'amour qu'on a reçu ou pas reçu lorsqu'on était enfant ? Comment expliquer que rien ne change et que tout change quand on est amoureux ?

« Viens ! »

Ce fameux soir, Jacques ne m'a rien dit d'autre. Il voulait juste que je le suive, même s'il ne savait pas où aller.

« Pourquoi ? »

Pour moi qui cherche toujours à tout comprendre, ce simple « viens » ne voulait pas dire grand-chose.

« Parce que la vie passe. »

Jacques n'a pas beaucoup de certitudes. Il préfère souvent ne pas choisir plutôt que de regretter ensuite ce qu'il a fait. Il attend presque toujours que quelqu'un d'autre choisisse à sa place.

Mais ce soir-là, c'était différent. C'est lui qui a décidé. Tandis que la vie glissait entre mes doigts qui trituraient mes cheveux. Avec l'assurance d'avoir trouvé quelque chose avant même de le savoir.

3

Sans contrepartie

Le drame des contes de fées, c'est qu'aucun ne nous décrit ce fichu prince. Il est charmant, bien sûr. C'est-à-dire parfait. Mais qu'est-ce que cela veut dire ? Comment reconnaître la perfection ?

En fait, personne ne le sait, bien que tout le monde en parle et en disserte. Dans la plupart des cas pour livrer des recettes idiotes. Et inutiles. Car on ne pourra jamais expliquer l'alchimie d'une rencontre au cours de laquelle chacun essaie de réécrire son passé, sans prêter la moindre attention aux caractéristiques susceptibles (ou pas) de rendre une personne digne d'amour.

En amour, on ne choisit jamais l'autre sans raison. Il correspond toujours à ce que l'on cherche depuis l'enfance, quand on tombe amoureux pour la première fois de celui ou celle qui représente notre « tout ». Maman qui allaite. Papa qui chante une berceuse. La tiédeur du berceau.

Tout ce que nous avons perdu trop tôt et que nous souhaiterions retrouver, pensant à tort combler ce vide qui est en nous.

Car même l'amour le plus grand n'est pas inconditionnel. Il ne peut nous satisfaire sans contrepartie. Il ne pourra jamais nous apporter la plénitude.

Et c'est très bien comme ça.

Comment pourrions-nous, sinon, continuer de désirer et de nous sentir vivant ? Comment pourrions-nous chaque fois recommencer du début pour nous tromper à nouveau ?

Tel l'écho d'une nostalgie lointaine et perdue. Parce qu'on a oublié les paroles. Et qu'il ne reste que la mélodie.

Celle que l'on porte en soi.

Pareille à un sanglot.

Nous avons tous perdu très tôt notre plus grand amour. Prisonniers de la perte de ce regard qui nous soutenait. Soit parce que maman était trop préoccupée de sa personne ou de son travail. Soit parce que papa était déjà trop amoureux de maman. Soit parce qu'un petit frère était né trop vite. Et ainsi de suite. À l'infini.

Il y a souvent quelque chose qui s'enraye. Tel un mot resté coincé au plus profond.

Il nous manque toujours quelque chose.

Telle une caresse arrivée trop tard.

On aurait pu. On aurait dû. Il aurait suffi que…

Et on passe des années à essayer de rapiécer et de recoudre cette déchirure. Sans comprendre que la perte fait partie de la vie et que l'autre ne pourra jamais nous donner tout ce dont nous avons besoin.

On se convainc que la supercherie vient de lui, de ce masque charmant qu'il a mis le jour où nous l'avons rencontré. On se leurre en pensant que c'est lui qui ment, et qu'il pourrait soudain, comme par magie, devenir charmant si seulement il se laissait toucher par cette fragilité que nous avons pressentie si loin en lui, si seulement il laissait parler ses sentiments.

Avant de découvrir qu'il est déjà marié. Ou que c'est un vieux garçon invétéré. Inaccessible, quoi qu'il en soit.

Au fond, la vie est affaire de tragédie. Et les charmes de notre prince finissent tôt ou tard par se ternir. Bien qu'on ne veuille pas l'admettre et qu'on continue de se leurrer.

Non pas que l'autre soit mauvais – à moins de rester prisonnier de l'enfance et des monstres obscurs qui nous tourmentaient la nuit. Non pas que l'autre ne soit pas la bonne personne – à moins de croire que le Prince Charmant se cache quelque part et que nous finirons, nous aussi, par le trouver.

Simplement parce que l'autre est, comme nous, à la recherche de quelque chose. L'origine de l'agitation. La fin du désir.

Alors pourquoi ne pas aimer la personne qui, simplement, nous fait nous sentir bien ? Pourquoi continuer à nous tourmenter en courant après le passé ?

Chacun lutte contre la perte de ce paradis, lorsque tout était douceur et indétermination. Ces instants de bonheur durant lesquels nous pensions *tout* avoir et être *tout*.

Tout ce que notre mère nous donnait et qui nous faisait rester en vie. Tout ce dont nous avions besoin. *Tout*.

À qui pourrions-nous demander ce *tout* magnifique alors que nous ne sommes plus des enfants ? Qui pourrait nous donner cette illusion de complétude et occuper ce vide qui nous tourmente ?

Le deuil de la perte ne connaît pas de fin. Et c'est bien ça le problème de l'amour. Comme le dit Roland Barthes dans ses *Fragments d'un discours amoureux*, en évoquant l'angoisse que chacun ressent lorsqu'il aime : le drame d'un amour incommensurable et capable de nous restituer ce que nous avons perdu. L'instant de fusion où la joie était une étincelle permanente.

Avant de comprendre que l'amour est ce qui reste quand on pense avoir tout perdu. Et que c'est la même chose pour tout le monde. Et que même si ça ne nous plaît pas, on ne peut rien y faire.

4

Encore une minute

Mon histoire avec Jacques aurait pu être comme toutes les autres. Malheureuse et impossible. Et suivre scrupuleusement le scénario d'un drame sentimental de mauvais goût.

« Je voudrais que ça dure éternellement. »

Je le lui dis, comme les adolescents le font avant de comprendre que tout les sépare.

« Qu'est-ce que ça veut dire, éternellement ? Qu'est-ce que c'est l'éternité ? »

Il me répond avec une pointe de sarcasme, comme tous ceux qui ne veulent pas entendre parler d'amour.

« S'il te plaît, ne pars pas. Encore une minute ! »

Mes mots sont un souffle. Mais il est déjà ailleurs.

« Qu'est-ce que tu as, tu pleures ? Pourquoi tu en fais un drame ? »

Cela fait des années que j'entends ça. Bien que Jacques sache parfaitement qu'ensuite nous nous disputons.

Il en va de l'amour comme de la vie : il ne faudrait jamais avoir de trop grandes attentes. Peut-être ne faudrait-il rien attendre du tout, vu que les choses les plus belles arrivent toujours à l'improviste.

Quand on cesse de vouloir tout contrôler, sans regrets.

Quand on trébuche sur ses mots et qu'on oublie tout le reste – les sourires et les phrases toutes faites ; les larmes et les récriminations.

Mais comment cesser de vouloir tout contrôler ? Comment attendre que quelque chose se passe ?

L'autre n'est jamais exactement comme nous voudrions qu'il soit. Il est toujours différent des rêves que nous portons en nous. Des belles histoires qui nous plaisaient tant, enfants, et qui devaient nous consoler de tout ce que nous n'avions pas et dont nous continuons à déplorer le manque.

Toutefois, en amour, il ne sert à rien de se plaindre. Au contraire. Les récriminations nous emprisonnent.

Comme lorsque nous étions petits, et que nous pensions que l'amour se méritait. Et qu'il suffisait d'être « sages et gentils » pour que maman nous sourie, que papa nous fasse une caresse, que la maîtresse nous donne un bon point, que notre ange gardien nous tienne dans ses bras pendant la nuit.

Les récriminations ne servent jamais à rien. Au contraire.

Elles nous empêchent de comprendre que, pour aimer, il faut accepter de prendre le risque de ne pas se résigner à l'évidence. Avant de découvrir que, dans la vie, il n'y a rien d'évident.

Désormais, je le sais, je l'ai compris, je le répète.

Il ne sert à rien de réclamer l'amour.

Même quand le cœur recommence à s'enliser. Parce qu'il n'est pas là. Ou alors il est là, mais il n'écoute pas. Ou alors il écoute, mais il ne comprend pas.

« Le ciel ne suffit pas, pas plus que la lune ou la terre. Seul ton amour compte », déclare la princesse dans les contes alors qu'il s'apprête à la quitter.

« Jamais je n'ai cessé de t'aimer », lui répond le noble et preux chevalier avant de l'abandonner.

« Comment un rocher peut-il endiguer la mer ? »

Il n'y a que dans les contes qu'il revient toujours. Il n'y a que dans les rêves que l'amour est cohérent.

Même si la cohérence se transforme souvent en prison étouffante.

Le problème de l'amour est souvent le même : quand on l'idéalise, on le trahit, quand on est pris dans ses filets, on s'y empêtre.

Les mots font défaut pour le dire.

Tout comme l'envie d'aller à contre-courant.

Intermède n° 1

L'âme, à son insu, ennuyée de vivre sans aimer, convaincue malgré elle, par l'exemple des autres femmes, ayant surmonté toutes les craintes de la vie, mécontente du triste bonheur de l'orgueil, s'est fait, sans s'en apercevoir, un modèle idéal. Elle rencontre un jour un être qui ressemble à ce modèle, la cristallisation reconnaît son objet au trouble qu'il inspire, et consacre pour toujours au maître de son destin ce qu'elle rêvait depuis longtemps.

Stendhal, *De l'amour*

Avec Stendhal, l'histoire du Prince Charmant se transforme en théorie : la théorie de la cristallisation. D'après lui, quand on tombe amoureux, ce n'est jamais d'une personne en chair et en os, mais uniquement d'un idéal.

Quand on tombe amoureux (car en français, on tombe toujours – on tombe malade, on tombe enceinte, on tombe dans l'amour, on tombe et on se relève, du moins tant qu'on en a la force), c'est seulement parce que l'amant voit l'être aimé à travers le prisme déformant de son propre désir : *tout* ce qu'on voudrait avoir et que l'on n'a pas; *tout* ce qui devrait nous rendre heureux et qui nous manque.

Même si la promesse d'amour ne se concrétise jamais. D'ailleurs, c'est chaque fois qu'elle paraît le faire, qu'elle nous transforme en êtres laconiques et insatisfaits.

En amour, n'existent que l'impossible et l'inaccessible. Avec l'amour, on frôle la tragédie de l'insatisfaction de la vie.

Quand on aime, l'imagination se met en branle : aimer équivaut à doter l'objet de nos passions de toutes les perfections. De qualités et de caractéristiques qu'en réalité l'autre ne possède pas. La cristallisation, par définition, ne prend pas en considération l'autre pour ce qu'il est mais uniquement pour ce qu'il devrait être. Une pierre précieuse pleine de qualités étincelantes. Même lorsqu'il s'agit d'un simple morceau de verre cabossé.

À travers la cristallisation, l'autre nous apparaît parfait, à l'instar du Prince Charmant des contes, transfiguré par une passion aveugle qui métamorphose jusqu'aux détails les plus insignifiants en traits uniques et sublimes.

Comme l'écrit Stendhal : « L'amour est comme la fièvre, il naît et s'éteint sans que la volonté y ait la moindre part. Voilà une des principales différences de l'amour-goût et de l'amour-passion, et l'on ne peut s'applaudir des belles qualités de ce qu'on aime, que comme d'un hasard heureux. »

Mais si l'amour n'est rien d'autre qu'une passion imaginaire, que peut-il rester de lui une fois obtenu ce que l'on désirait ? Comment ne pas être submergé par la déception quand l'autre nous apparaît tel qu'il est ?

Si l'amour était seulement le fruit de l'idéalisation, comme le croit Stendhal, il ne survivrait pas à l'impact du réel. Il serait emporté lorsque le masque tombe. Et il se briserait alors sur la banalité de la réalité, comme un verre de cristal qui vole en éclats – lui qui savait toujours tout et qui n'hésitait jamais, il se fige désormais et ne se rappelle même plus quelle est ma couleur préférée. Et les fleurs que j'aime par-dessus tout ? Non, ce ne sont pas les roses blanches ! C'est à maman que cela faisait plaisir quand je lui en achetais le dimanche matin au retour de la messe. Non, ce n'est pas le mimosa non plus ! C'étaient mes fleurs préférées lorsque, enfant, j'allais les cueillir dans le petit square devant la maison.

À moins que l'autre ne nous abandonne, nous contraignant à l'idéaliser une fois de plus à travers une nouvelle cristallisation.

Ce n'est cependant pas l'amour qui transfigure. C'est notre incapacité à voir une personne telle qu'elle est qui nous rend aveugle et sourd face à la réalité.

Comme si l'autre devait obligatoirement correspondre à nos attentes et se conformer à une image idéale de l'amour.

Et si, justement, l'autre était « autre » ? Et si nous aussi étions « autre » que le modèle idéal que nous nous sommes construit ?

L'amour n'est pas une maladie qui naît et meurt indépendamment de la volonté. Ce n'est même pas un rêve alimenté par le fantasme et les souvenirs. Ce n'est pas une folie qui passe à partir du moment où nous réglons nos comptes avec la réalité.

Ce qui passe, c'est l'illusion.

Ce château magique dans lequel « elle » et « lui » n'ont même pas besoin de se parler pour se comprendre, parce qu'il suffit d'un regard pour connaître ses désirs et d'un simple geste pour les satisfaire.

Cette prison dorée dans laquelle tout a toujours une explication, mais qui nous laisse toutefois en bouche le goût amer de l'insatisfaction.

Comme Solal et Ariane dans *Belle du Seigneur* : « Enfermés dans la souricière d'amour, condamnés aux travaux d'amour à perpétuité, ils étaient couchés l'un près de l'autre, beaux, tendres, aimants et sans buts. Sans but. Que faire pour aimer cette torpeur ? » Ce n'est pas l'amour qui lâche Ariane et Solal : l'amour continue à grandir, chaque jour, chaque instant. Ce qui disparaît, avec cet enfermement, c'est le désir même de vivre.

Comment désirer quelque chose quand chacun de nos désirs devient un ordre ? Comment être autre chose que ce que l'autre attend de nous, alors qu'il nous aime justement parce que nous nous conformons à sa volonté ?

L'amour, le vrai, est fait d'un va-et-vient continu entre le réel et l'imagination. Aller vers l'autre juste avant de s'éloigner. Une présence qui ne peut l'empêcher d'être parfois absent.

Même l'amour le plus grand comporte de nombreuses zones d'ombre qui ne pourront jamais être éclairées.

Il n'y a pas d'amour sans incertitudes. Et les incertitudes sont à l'opposé de la cristallisation.

Seul l'idéal est immobile. Mais ce qui ne change jamais n'existe pas. Voilà pourquoi l'amour de Stendhal est inatteignable et triste.

Il voudrait la stabilité alors que la vie n'est que mouvement. Il voudrait la perfection alors que l'existence est pétrie de doutes et de compromis et d'insatisfaction.

5

Folle et capricieuse

Si j'essaie de faire la liste de ce qu'avait Jacques quand nous nous sommes rencontrés, le compte n'y est pas. Il ne ressemblait en rien aux hommes dont j'étais tombée amoureuse par le passé.

Le sol ne se dérobait pas sous mes pieds quand je le voyais, aucun gouffre de douleur ou de tendresse ne s'ouvrait entre nous – ce qui pour moi, à l'époque, était la même chose. Il ne m'évoquait pas l'existence d'une place à prendre doucement, avec la patience de celui qui attend que le temps fasse son œuvre sans trop en demander. Comme tous les espoirs qui nous envahissent quand on veut croire que l'on a rencontré la « bonne personne » et qu'il suffit de faire un effort pour mériter son amour. Juste un effort, encore un autre, il en faut seulement un autre…

Mais je m'égare. Je m'égare toujours quand je parle de Jacques. D'autant plus qu'il n'avait pas endossé le masque du Prince Charmant et qu'il ne cherchait nullement à passer pour ce qu'il n'était pas.

C'est moi qui lui en avais immédiatement enfilé un, me mettant à l'œuvre pour que tout se répète de la même façon.

Passion. Déception. Abandon.

Comme l'explique Stendhal. Car quand on cède à la passion, la cristallisation finit par voler en éclats. Et c'est la débandade. Avec son cortège infini de culpabilité et de désespoir.

En réalité, un certain nombre d'ingrédients étaient réunis – car Jacques n'est pas que sourire et bonnes manières comme le pensent tous ceux qui le rencontrent. Jacques est aussi détachement et indifférence, surtout quand il se dit qu'il pourrait souffrir et que la seule façon d'éviter ça est de faire en sorte que rien ne l'atteigne. Jacques est aussi ironie et sarcasme à la française, ce sarcasme qui me sidère. Comment peut-on rire de certaines choses ?

Mais, au fond, le problème était ailleurs. À moins que je veuille entretenir un sentiment de confusion. Jacques est ainsi fait. Et ce n'est certes pas moi qui peux le changer.

Le véritable problème, c'était moi. Vu que seul mon acharnement à faire en sorte que les choses se répètent peut expliquer pourquoi, avec lui aussi, tout était sur le point de s'écrouler.

« C'est pas la peine qu'on s'appelle. Inutile de dépenser autant d'argent. »

Il allait partir pour la Grèce. Un voyage de trois semaines, prévu de longue date. Mais qui pour moi arrivait trop tôt.

« Comment ça ? Pourquoi c'est pas la peine ? » avais-je demandé avec angoisse. Déjà persuadée qu'en Grèce, il ne penserait plus à moi, qu'il rencontrerait une autre femme, qu'il m'effacerait.

« Parce qu'on se voit à mon retour, non ? avait-il rétorqué en faisant semblant de ne pas comprendre mon trouble.

– Et moi, je fais comment ? »

Pourquoi ne comprend-il pas que tout disparaît dans ce silence, que l'amour s'éteint avec l'absence, que rien ne résiste au temps et à la distance ? Comment se fait-il qu'il ne voie pas ce vide d'amour qui ne se comble pas ?

« Mais tu es complètement folle ? »

Oui, en partie. Folle et capricieuse.

Surtout quand l'homme que j'aime ne répond pas à mes questions. S'éloigne de moi. Fait mine d'ignorer mes peurs.

Quelque chose ne doit pas tourner rond chez moi. Quelque chose de tordu. Une pièce cassée, défectueuse, rouillée. Un vice de fabrication.

Quelque chose qui cogne en moi et me fait mal et que je n'arrive pas à expulser malgré mon acharnement, parce que ce manque de confiance ne rime à rien, pas plus que mon besoin d'être en permanence rassurée, ça ne rime vraiment à rien !

Aujourd'hui, je sais que l'homme que j'aime est toujours à mes côtés, même quand il ne répond pas à mes sms et à mes jérémiades. Même quand il m'envoie balader.

Avant de laisser un message sur mon répondeur pour me dire qu'il m'aime très fort, mais vraiment très fort, tu sais combien je t'aime, n'est-ce pas ?

Mais s'il ne me laisse aucun message, m'aime-t-il quand même ?

Ce que nous avons vécu nous accompagne tout au long de notre vie et souvent – trop souvent, toujours trop souvent malgré les efforts déployés pour briser le cercle vicieux de la répétition – nous détermine.

Bien sûr, on peut aussi prendre du recul et agir différemment. Parce que les relations ne finissent pas toutes de la même façon. Et c'est parfois celui qui s'avance vers nous sans porter de masque qui nous fait découvrir ce qu'est l'amour. Avec ses charmes et ses imperfections. Sa force et son goût d'inachevé.

Mais s'il n'a ôté son masque que pour quelques instants seulement ? Si lui aussi me trompe, m'abandonne, me bannit de sa vie ?

6

Ce qui nous traverse

« Encore un livre sur l'amour ? Je t'en supplie, écris autre chose ! Et puis ça veut dire quoi, un livre sur l'amour ? Un roman ? Un essai ? »

Il ne faudrait jamais parler d'un projet de livre à ses amis avant d'avoir commencé à écrire. Leurs critiques et objections risquent de nous enlever le courage de poursuivre. D'autant plus qu'ils ont peut-être raison. Qu'est-ce que j'ai envie d'écrire ?

« Je voudrais partir de mon expérience afin de montrer que la plupart de nos actes sont dictés par l'amour. Surtout quand on a l'impression qu'il est trop tard. Ou que c'est trop compliqué. Et que tout aurait été différent si seulement on avait su le lui dire, trouver les mots justes, expliquer.

– Encore un livre sur toi ? Tu ne sais pas écrire autre chose ? »

Pour le coup, je me fâche. Pour qui se prennent-ils au juste ?

Je le pense très fort. Puis j'opte pour le compromis.

« On ne peut pas parler d'amour sans partir de soi, de ce qui nous traverse et nous fonde. De ce que Freud appela inconscient. Et qui se souvient de ce que nous avons vécu et souffert et égaré. Même si les sentiments ont besoin de réserve. Car, lorsqu'on en dit trop, on se vide. Et il ne nous reste alors plus rien. Rien à serrer contre soi quand la nuit tombe et que l'on a besoin de s'appuyer sur ce noyau dur qui nous soutient. Rien à donner à l'autre.

– Encore une histoire d'amour impossible ?

– Non, l'histoire de l'amour que nous sommes et que nous portons. Aimer en donnant, aimer en recevant, aimer en fermant une porte pour aussitôt en ouvrir une autre. Cet amour que nous éprouvons quand on arrête de lutter contre la douleur parce que nous souhaiterions l'effacer. Cet amour qui nous remplit le cœur et qui fait partie de nous, autant que la souffrance.

– Et on court alors le risque d'en faire un exposé faible et médiocre. »

C'est vrai. Ils ont raison. Au moins en partie.

Car il y a une telle quantité de livres qui traitent de l'amour ! Mais la plupart ne tournent-ils pas uniquement autour de ce qui a déjà été dit et écrit, proposant une fois de plus, peut-être, la sempiternelle différence entre *éros*, *philia* et *agapè* ?

Comme s'il était besoin de nous rappeler que l'amour érotique n'a rien à voir avec l'amitié, que la passion peut se révéler destructrice, que la charité supporte tout et n'est jamais envieuse…

Bien, et après ? Est-il possible que la philosophie n'ait rien d'autre à nous apprendre ? Comment trouver les mots pour dire que l'amour est le seul risque qui vaille la peine d'être pris, car lorsqu'on l'évite ou qu'on l'ignore, on se retranche dans la prison de son exil intérieur, et on avance alors sans but ? Comment raconter la douce amertume d'un désir qui se cherche sans jamais savoir exactement pour qui on se désespère et se décompose ?

Le problème, c'est qu'il n'y a rien d'évident en amour. Le simple dissimule le complexe. Et seule la complexité apparente est fausse ou trompeuse.

L'amour a peu, voire rien, à voir avec les théories. Même lorsqu'il s'agit d'expliquer le rapport entre « manque objectif du besoin » et « demande subjective du désir », comme le dirait Jacques Lacan : la personne aimée n'est pas comme un morceau de pain ou un verre d'eau dont nous avons besoin quand on a faim ou soif ; elle n'est pas interchangeable, comme peuvent l'être les objets et les choses ; elle est unique et spéciale, malgré ses nombreux défauts, parfois insupportable, toujours inadéquate.

Bien, et après ? Est-il possible qu'on n'ait pas encore compris que, à force d'éparpiller les mots, c'est aussi la vie qui se disperse ? Et que les mots ne sont pas interchangeables. Surtout quand on parle d'amour.

Chacun de nous porte en soi un secret. Et passe sa vie à tourner autour.

Parfois on en parle. Parfois on l'exhibe. Parfois on le nie.

Pourtant, c'est toujours ce secret qui explique ce que l'on vit. Exception faite, peut-être, des bons à rien. Eux prennent la pose devant un miroir coloré, comme si la vérité était entièrement là et qu'il suffisait de la contempler pour comprendre chaque chose.

L'amour, au fond, est ce secret que nous portons en nous. Simple et évident, comme un cœur de papier qu'on se colle sur la poitrine.

Cette tendresse qui m'étreint quand je vois mon père continuer de s'entêter – les mêmes phrases, le même regard, seulement brouillé par les ans. Cette douleur qui m'étreint quand il souffre, et que je sais pertinemment que je ne peux rien y faire. Cette trêve après la bataille, lorsque je lui pardonne de ne pas m'avoir soutenue quand il aurait dû me protéger.

Des instants de joie que l'on voudrait sceller avant de les voir s'évanouir et de noter dans son journal qu'il serait absurde de prétendre que la joie dure plus d'un instant. Avant de comprendre que la joie est joie, justement parce qu'elle n'est pas éternelle.

Même si, pour s'en rendre compte, il faudrait peut-être prendre le risque d'aimer à nouveau. En acceptant ce gouffre qui nous sépare de l'autre.

7

Je n'arrive pas à le lâcher

Je n'arrive pas à le lâcher. Il suffirait de peu de chose. Vraiment peu de chose. Alors pourquoi est-ce que je n'y arrive pas ?

Ça suffit maintenant, au diable toutes ces histoires. Je vais le faire. Je lui souris, je me retourne et je descends les marches du métro.

Je vais le faire. Je lui dis au revoir, lui donne une caresse et pars en courant.

Au fond, il n'y a rien de compliqué, c'est deux fois rien.

Sauf que je n'y arrive pas.

Je reste bloquée là. Les mains agrippées à sa chemise. Tandis qu'il me regarde sans comprendre. Que je me dépêche un peu. Sinon il risque de rater son avion.

Avant de rencontrer Jacques, j'ai souvent tenu le rôle de la maîtresse. C'était plus facile, au moins je ne me faisais pas d'illusions. Je savais déjà que ce n'était pas fait pour durer. Les hommes mariés – si certaines ont encore des illusions, elles feraient mieux de laisser tomber avant qu'il ne soit trop tard – ne quittent jamais leurs femmes. Dans le fond, ils les aiment toujours. Même quand ils affirment le contraire. Peut-être se sentent-ils ainsi moins coupables. Ou alors ils y croient. Ils sont tellement égoïstes qu'ils veulent tout avoir : nous, l'autre, la passion, l'affection, le lit refait, la transgression, la paix, les enfants, la maison à la mer, les week-ends à l'hôtel… Et chaque fois qu'on leur demande de choisir, ils nous supplient de rester car ils ont besoin de nous. Mais ils ne nous retiennent jamais quand on décide de partir pour de bon.

Au fil des ans, je suis devenue experte en la matière. Ne pas accepter, ne rien attendre, ne pas pardonner. Avec l'air de celle qui croit n'avoir plus besoin de personne. L'angoisse enfermée à double tour au fond du cœur parce que l'amour n'était finalement qu'un mensonge.

J'y repense tandis que je reste agrippée à sa chemise. Et que mes larmes se mettent à couler. Toutes seules. Sans douleur. Le souvenir lointain de moi enfant. Quand ma mère avait été hospitalisée et qu'elle était partie pendant que je dormais. Quand j'étais restée seule pendant plusieurs semaines.

Je n'avais qu'un an et demi et quelque chose s'était cassé en moi pour toujours. Quelque chose dont je n'ai qu'un vague souvenir. Comme une plainte à vif en travers du cœur. Si elle m'avait abandonnée, c'était ma faute, n'est-ce pas ? J'avais été méchante. Ça ne pouvait être que cela. Méchante. J'étais méchante !

« Ça suffit maintenant, au diable toutes ces histoires. » Je lui souris, je me retourne et je descends les marches du métro.

Je me le répète mécaniquement. Je me sens ridicule. Mais je n'arrive vraiment pas à le lâcher.

« Qu'est-ce qui m'arrive ? Pourquoi est-ce que je ne fais pas ce que j'ai toujours fait ? Pourquoi je ne pense pas à autre chose ? Pourquoi je m'agrippe comme si j'avais encore un an et demi ? Pourquoi est-ce que je n'arrive pas à me dire que ça n'a aucune importance, que je rencontrerai de toute façon quelqu'un d'autre, que je n'ai besoin de rien ni de personne ? »

Je me sens ridicule et je m'en veux. Mais cette fois, ça ne sert à rien. Quelque chose s'est ouvert en moi et mes efforts sont vains.

« Tu n'es quand même pas tombée amoureuse ? N'avions-nous pas dit que c'en était à jamais fini de l'amour ? »

8

Tout commence avec la perte

Si l'amour nous tombe dessus, on le reçoit sans mérite. Après avoir compris que la vie est faite de petits riens. Un sourire quand on s'apprête à sortir. Une phrase susurrée la nuit. Un geste auquel on ne s'attendait pas.

Avant de fuir au loin. Parce que c'est déjà trop.

Trop fort. Trop tard.

Déjà trop, avant même que tout commence.

L'amour ne connaît ni crédits ni débits. Il est fait de nombreuses fautes qui ne seront jamais réparées. Mais aussi de la liberté de transformer la souffrance en autre chose.

Pour commencer à aimer de nouveau après avoir compris qu'il n'y a pas d'amour sans compromis. Que l'autre ne nous appartiendra jamais complètement. Que nous ne saurons jamais vraiment ce que nous cherchons à réparer grâce à lui.

Derrière l'amour se cache toujours le besoin désespéré de revivre quelque chose d'autre. Parfois celui de répéter les mêmes erreurs. Comme pour exorciser le passé.

Jouer et rejouer le même rôle. Même quand on en a marre de souffrir et que l'on voudrait tellement que les choses se passent différemment, au moins une fois.

Mais l'amour est irréversible. Il n'est jamais possible de retourner en arrière et de recommencer de zéro.

On peut seulement apprendre à vivre avec ce qui s'est passé et qui a transformé le monde à tout jamais.

« *Tu es terre qui souffre et se tait*, écrivait Pavese. *Tu as des sursauts, des peines, des paroles – tu marches en attente.* »

L'attente. C'est justement ça la clef de voûte.

Attendre de toucher le point qui fait mal et ne plus sentir la moindre douleur.

Attendre d'entendre ces mots. Ceux-là et aucun autre.

Le reste est inutile.

9

Ce lointain de celui qui m'est proche

Il revient dans trois semaines – allez, reviens ! mais quand vas-tu donc rentrer ? –, et j'irai le chercher à l'aéroport et après on partira loin. Il revient dans trois semaines – allez, reviens ! mais quand vas-tu donc rentrer ? –, et, le lendemain, on ira à la plage. Au bord de la mer qui baigne Anvers et Copenhague et qui, le soir, se retire sur des kilomètres et des kilomètres, tandis que les mouettes s'envolent. Impossible de se baigner, l'eau est trop froide, mais on peut allumer un feu, s'asseoir le long du chemin et se raconter nos enfances et nos peurs. Oui, je sais, il n'a pas peur, lui, c'est moi qui ai peur. Mais il peut m'écouter et faire semblant d'avoir peur et me prendre dans ses bras et me consoler et ressentir lui aussi un peu de mes frayeurs...

Pourtant, quand Jacques rentre de Grèce trois semaines plus tard, il n'y a aucun voyage. Il me dit que nous ne sommes peut-être pas sur la même longueur d'onde, qu'il veut une aventure moins contraignante, qu'il n'est pas l'homme qu'il me faut, qu'il a déjà essayé par le passé, que ça ne peut pas marcher, que je mérite mieux...

Je le regarde sans réagir. En me mordant les lèvres pour éviter que les larmes ne brouillent ma vue. Je pose sur lui un regard vide. En me disant que je le savais, je m'y attendais, c'est toujours la même histoire, ils me font un tas de promesses qu'ils oublient ensuite, ils me promettent monts et merveilles et ils s'en vont.

Je le regarde en silence. Et mon cœur bat la chamade. Un silence qui dure une éternité. Puis je lui dis qu'il a raison. Que nous nous verrons seulement quand il en aura envie. Que ça me va très bien aussi comme ça. Que ça n'a pas d'importance. Que je me satisfais de peu.

Mais pourquoi aurais-je dû me satisfaire de si peu ? Pourquoi, une fois encore, je ne comptais pas, je ne valais rien, je disparaissais dans le néant ?

« Excuse-moi, mais si tu ne sais pas s'il vient dormir chez toi, pourquoi tu ne l'appelles pas ? »

Francesca ne comprend pas mon agitation. La dernière fois que nous nous étions vues, j'étais amoureuse et heureuse. J'allais bien. Jacques aussi. Tout allait bien. Certes, les derniers temps il n'était pas toujours là, il sortait avec des amis, il vivait sa vie. Et alors ?

« De toute façon, si je l'appelle, il ne me répond pas.

– Il est peut-être occupé.

– Moi, je lui réponds toujours.

– C'est toi qui as tort.

– Il a changé.

– Tout le monde change.

– S'il tenait à moi, il serait ici.

– Si tu es toujours sur son dos, pas étonnant qu'il ait besoin de prendre l'air !

– Et s'il est avec une autre femme ? »

Francesca se fâche. Je ne me rends pas compte que, plus j'en demande, moins j'en obtiens ?

Je voulais un amour parfait. Sans failles. À l'abri des doutes.

Et je déraillais. Étouffant à la fois son amour et le mien.

Car il n'est pas d'amour sans incompréhensions. Et les relations les plus profondes sont celles qui traversent les ambiguïtés du désir.

Quand on aime, on accepte la part obscure de l'autre. On se donne entièrement à l'autre seulement lorsqu'on comprend que l'on ne pourra jamais se donner entièrement, comme le dit Georg Simmel. Parce qu'il existe en chacun de nous des zones d'ombre que nous-même ignorons.

L'amour n'est qu'une promesse tacite de respect mutuel. S'aimer sans vraiment comprendre pourquoi. S'aimer juste parce qu'on devine que l'autre est là, même quand il est loin.

Il m'a fallu du temps pour l'accepter. Et c'est presque un miracle que Jacques ait réussi à me supporter. Avec mes sautes d'humeur et mes moments de défi. Quand je vomissais sur lui ma colère en lui hurlant de s'en aller parce qu'il était incapable de comprendre, incapable de me consoler, un incapable intégral. Tu crois que c'est une heure pour rentrer ? Tu n'as pas honte de ce que tu es en train de dire ?

Qui, d'ailleurs, aurait pu comprendre ? Qui pourrait comprendre encore aujourd'hui ? Quand, la nuit, je ne réussis pas à dormir car les souvenirs me submergent – les heures passées à attendre, les heures passées à prier, les heures qui n'en finissent pas de passer parce qu'il y a des violences qui rampent, même quand elles ne laissent aucune trace sur la peau, parce qu'elles creusent leur chemin en nous et que les pansements et les bandages ne servent à rien puisque la blessure est à l'intérieur…

Intermède n° 2

Je suis aimé parce que je suis l'enfant de maman. Parce que je suis faible. Parce que je suis beau, admirable. [...] Il n'y a rien que je doive faire pour être aimé – l'amour de la mère est inconditionnel. Il me suffit d'être – d'être son enfant. L'amour de la mère est paix, félicité, il n'a nul besoin d'être acquis, ni d'être mérité. [...] Bien sûr, il n'a pas besoin d'être mérité – mais, en revanche, il ne peut être acquis, produit, contrôlé. S'il est là, c'est en quelque sorte une grâce ; s'il n'est pas là, c'est comme si toute beauté s'était retirée de la vie – et il n'y a rien que je puisse faire pour l'instaurer.

Erich Fromm, *L'Art d'aimer*

La vie se joue presque toujours pendant nos premières années. Lorsque nous ne savons encore rien du monde et de nous-même et que nous nous en remettons aveuglément aux autres. Nous dépendons entièrement d'eux. Notre confiance est totale.

Que pourrait-il exister de plus que leur regard ? Qu'est-ce qui pourrait bien compter quand toute notre joie est là, dans leurs bras, et que tout va bien, car nous avons tout et que nous sommes tout ?

Le monde de l'enfance est minuscule. Nous découvrons l'existence à travers le regard de nos parents. Nous voyons par leur intermédiaire. Les couleurs, les saveurs, les émotions.

Une existence réfléchie.

À travers les mots et les caresses qui nous racontent la vie, nous acceptons n'importe quoi. Et nous faisons confiance, même quand le monde qu'on nous raconte est uniquement peuplé de monstres, sans joie.

Nous faisons confiance faute d'avoir le choix. Ce qui nous est dit constitue tout notre savoir. Tout ce que nous connaissons de l'amour et que nous cherchons ensuite à revivre et à reproduire.

Non pas que le monde soit vraiment minuscule. Mais, dans le fond, il est plus facile de reproduire ce que l'on connaît déjà.

Le problème de l'amour n'est pas qu'il soit inconditionnel. Mais que, bien souvent, il ne l'est pas, même quand il devrait l'être. Car certaines choses ne se produisent que rarement. Et peut-être personne ne sait-il ce que signifie être aimé pour ce qu'on est. Aimé simplement parce qu'on est.

Aimé. Et rien d'autre.

Qui peut se targuer d'avoir réellement connu cet amour? Qui peut affirmer l'avoir vécu, compris, essayé?

Non pas que nos parents ne nous aient pas aimés. Les parents aiment presque toujours – il est inutile de se voiler la face, car il existe aussi des enfants qui ne sont pas aimés, désirés, voulus; il existe de nombreuses personnes qui passent leur vie à essayer de faire le deuil de caresses jamais reçues, à ne pas se résigner, à nier, à sublimer.

Mais quand ils aiment, toutefois, ils le font mal. Tous. Sans exception.

Si on croit aux contes de fées, c'est uniquement parce que nous avons été les héros de la première fable qui nous a été racontée. Des héros tout petits. Comme le monde de l'enfance. Quand nous avions besoin de savoir que l'amour de notre mère était infini, que rien n'aurait pu l'érafler, qu'elle nous aimait fort, vraiment très fort, tu sais combien je t'aime, pas vrai?

Mais ce n'est qu'une fiction. Même quand nos parents nous aiment si fort. Car eux aussi ont leurs cicatrices et nous aiment comme ils peuvent nous aimer, et, parfois, ils ne le peuvent pas, et parfois ils nous aiment pour ce que nous pourrions faire, pour que nous comblions un vide, pour que nous soyons capables de réussir là où ils ont échoué.

C'est le drame du « trop peu d'amour ». Cet amour que nous avons cherché à obtenir et à mériter à n'importe quel prix. En nous adaptant aux attentes et en faisant de notre mieux pour nous conformer aux désirs des autres. En étouffant ce que nous étions et ce que nous éprouvions parce que ça ne se faisait pas, ça ne se disait pas, ça ne devait même pas se penser.

Avant de comprendre que, en dépit de nos efforts, cela n'allait pas, cela ne suffisait pas, on pouvait toujours mieux faire... Et alors on recommençait du début. Et dès le début ça n'allait pas. Et ainsi de suite. Jusqu'à l'épuisement. Comme l'écrit Francis Scott Fitzgerald : « C'est ainsi que nous nous débattons, comme des barques contre le courant, sans cesse repoussés vers le passé. »

L'absence d'amour et de reconnaissance est une violence qui arrive trop tôt et envahit tout. Quand on est petit, en effet, on ne possède pas encore les instruments pour se défendre. Parfois, on ne trouve même pas les mots pour expliquer ce qui se passe.

À moins de faire un effort surhumain pour tout remettre en question et recommencer du début. En sachant que l'autre ne pourra rien réparer de notre passé.

Ce n'est jamais l'autre qui peut nous aider à « désenvoûter la maison hantée que nous sommes », comme l'écrit Anne Dufourmantelle. Cette maison « hantée par des plaintes dont on ne sait plus à qui elles appartiennent, mais qu'on a faites nôtres ». Au contraire. Bien souvent c'est l'autre qui fait resurgir nos peurs. Toutes celles qui demeurent dans un coin de notre être.

La peur du jugement de notre père. La peur de l'abandon de notre mère. La peur de ne pas être à la hauteur des attentes des autres. Ce sentiment d'inutilité. Cette envie de mieux faire mais cette impossibilité à y parvenir. Ce pardon qui n'arrive pas...

Derrière l'amour se cache un pays inconnu. Où vont et viennent des visages absents, des fragments du passé, des éclats du présent, notre image qui se perd dans le noir. C'est la peur que le miroir ne se brise et que nous n'éclations ; la peur d'être un autre que soi-même.

Mais si « je est un autre », qui suis-je en réalité ?

Il n'y a pas d'amour possible sans la conscience que l'autre est toujours impuissant face à nos peurs. Et que c'est à nous que revient la charge de la résignation.

C'est nous, et nous seuls, qui devons trouver le courage de nous défaire de notre passé et d'arrêter de sacrifier notre existence. Sans perdre notre temps à espérer qu'un jour, peut-être, les choses seront différentes et que nos démons ne nous persécuteront plus.

Ils seront toujours là. Rien ne change jamais. Même si tout est déjà différent dès lors qu'on se réconcilie avec ses souvenirs.

10

Après la perfection

À cette époque, Jacques et moi passions notre temps à nous disputer. Ou plutôt, c'est moi qui passais mon temps à me disputer.

C'est moi qui soupirais avec agacement. Qui m'énervais. Qui hurlais.

Lui se taisait, en haussant les épaules. Puis il restait immobile. Presque impassible. Des heures et des heures.

Il en va toujours ainsi avec Jacques. Quand on se dispute, ce n'est jamais à deux. Il se met dans un coin et attend que l'orage passe. Il se met dans un coin et encaisse. Il se met dans un coin et m'aime tout pareil.

Je n'ai pas encore compris comment il fait pour rester imperméable à mes hurlements et venir ensuite me donner une caresse.

« Va-t'en !

– Arrête un peu, après c'est toi qui ne vas pas bien. Tu ne penses même pas ce que tu dis. »

Distance de sécurité. Quand c'est comme ça, je dois être vigilante. Pour ne pas hurler comme une folle. Que penseraient les voisins ?

« Va-t'en !

– Arrêête ! »

À cette époque, Jacques et moi passions notre temps à nous disputer. Et nous ne faisions même plus l'amour. Peut-être que nous ne nous aimions plus.

C'est ce que je pensais, avant de me rendre compte que j'allais de nouveau tout rater. Parce que les doutes et les imperfections font partie de l'amour. Plus encore, l'amour commence avec les doutes et les imperfections. Quand on arrête d'idéaliser les sentiments et que l'on transige avec la réalité. Quand on comprend que ce n'est pas si grave de se disputer.

L'amour est plus fort que les divergences et il perdure, même dans les disputes. Il grandit même. Justement parce que le moi est libre de se défouler et de contester, dégagé de toute attente.

L'amour ne commence qu'après la perfection. Lorsque l'ordre se brise et que l'on comprend qu'il nous faut repartir du désordre.

De son incapacité à être exactement comme je voudrais qu'il soit.

Quand il me dit que je suis un tyran et que je n'accepte pas la contradiction.

Bien qu'il sache que ce n'est pas vrai.

À cette époque, pourtant, je ne supportais pas d'être contredite. Je pensais qu'en amour il fallait toujours être d'accord et que les critiques étaient le début de la fin. Je pensais qu'aimer équivalait à croire et vouloir exactement les mêmes choses. La complémentarité et la fusion.

C'est avec Jacques que j'ai compris ce qu'était l'altérité. Ce « nous ne sommes pas faits de la même façon » qui est si difficile à gérer. Car il ne se produit jamais ce à quoi on s'attend.

Et on passe son temps à donner et recevoir des choses que l'on n'a pas ou que l'on ne veut pas avoir, comme disait Jacques Lacan. (Un autre Jacques, et on veut nous faire croire que les prénoms ne veulent rien dire !)

Comme les cadeaux au pied du sapin de Noël. Je n'ai jamais réussi à avouer qu'ils ne me plaisaient pas. Je n'y arrive toujours pas aujourd'hui. Je fais en sorte qu'ils me plaisent, sachant pertinemment que je ne saurai jamais quoi en faire et qu'ils iront prendre la poussière à la cave ou encombreront le fond d'un tiroir.

C'est avec Jacques que j'ai appris que, quand on aime une personne, on l'aime pour ce qu'elle est, même si elle n'est pas exactement comme nous voudrions qu'elle soit. Notamment parce qu'on ne peut pas réécrire le passé et qu'il arrive un moment où il faut en finir avec l'enfance et cette quête désespérée de celui ou celle qui pourrait nous donner ce que nous n'avons pas reçu.

Sinon on perd aussi ce qu'on a, ce qui est déjà là, réel, vrai, présent. Nous courons après un idéal qui n'existe pas, nous nous épuisons à lutter contre nos propres fantômes et nous ne comprenons pas que ce que nous n'acceptons pas de nous-même est ce qui nous agace le plus chez les autres.

Jacques m'aime aussi quand il n'est pas d'accord avec moi.

Jacques m'aime aussi quand il me contredit.

Jacques m'aime aussi quand je ne lui réponds pas gentiment.

Jacques m'aime toujours. Parce qu'il tient à moi. Mais vraiment beaucoup. Tu sais bien combien je tiens à toi, n'est-ce pas ?

Mais comment fait-il pour m'aimer ? Pour me supporter ? Moi-même, j'ai du mal. Et je ne comprends pas en quoi ma présence le tranquillise, comme il n'arrête pas de me le dire. Parce que j'irais toujours au fond des choses. Parce que j'aurais cette capacité de mettre des mots sur ce qu'il ressent. Parce que c'est avec moi qu'il aurait découvert son chemin.

Pourtant, sans lui, c'est moi qui me serais perdue en chemin. Trop occupée à tout vouloir et à tout déchirer.

Avant de tout perdre très vite.

Méticuleusement.

11

L'amour naît d'un détail

L'amour naît d'un détail. De cette intonation ou de cette odeur que nous connaissons par cœur. L'empreinte de quelque chose que nous avons enfoui. Voilà pourquoi nous ne parvenons jamais à en expliquer la raison.

Pourquoi elle ? Pourquoi lui ?

Pas de prémices. Rien. Simplement le mystère d'une rencontre qui a peut-être déjà eu lieu. Parce que l'autre apporte la promesse de ce quelque chose que nous attendons depuis toujours.

La possibilité d'une fin heureuse. Être aimé pour ce que nous sommes. Sans rivalité et sans menace. Ce « un jour tu me reconnaîtras » que nous avons au fond du cœur.

Pourquoi lui ?

Inutile de se mentir. Bien que la tentation soit très forte. Qu'on en finisse alors avec ces excuses qui ne servent qu'à faire belle figure en société ! Comme quand on se met une robe du soir parce que le carton d'invitation stipule « dîner de gala », mais qu'on n'arrête pas de se plaindre de ces satanées chaussures à talons qui nous font mal aux pieds…

Pourquoi lui ?

Je le sais. C'est lui parce qu'il me ramène à mon enfance. Parce qu'il me répond à peine. Parce qu'il me crie après.

Comme lorsque j'étais petite et que je pensais que mon père avait toujours raison, même quand il hurlait. Tout dépendait de lui, et, un jour ou l'autre, j'aurais été à la hauteur de ses attentes.

Pourquoi lui ?

C'est simple. C'est lui parce que, à ses côtés, je me sens dépendante. Surtout quand il me fait des compliments.

Avant de me faire comprendre que je me plains trop, que je dois arrêter de me prendre autant au sérieux, que je dramatise inutilement.

« J'ai peur. » C'est comme ça. De temps à autre, la peur m'envahit. Une liste infinie de peurs. Peur de rater l'avion, peur de perdre mon temps, peur de ne pas réussir à m'endormir même quand je suis fatiguée. Mais aussi peur de l'obscurité, des chats noirs, de l'orage, du froid… Sans parler de la peur de le perdre, surtout celle-là, qui est en réalité la peur de tout perdre. Et alors je le lui dis, dans l'espoir qu'il finisse par comprendre, qu'il cesse de me dire d'arrêter, qu'il me prenne dans ses bras et qu'il me console. Parce que ça ne fait qu'empirer. « J'ai peur. »

« Peur de quoi ?

– De tout.

– Tout ira bien.

– Et si, au contraire, tout va mal ?

– N'oublie pas de sourire.

– Et si je continue d'avoir peur ?

– Peur de quoi ?

– Je ne sais pas.

– Arrête un peu avec tes peurs insensées.

– Mais si j'ai peur, comment veux-tu que j'arrête ?

– Que tu es agaçante. »

Pourquoi lui ?

Parce qu'il me tient en suspens. Parce qu'il alterne la douceur et les reproches. Parce qu'il m'infantilise. Parce qu'il me fait taire.

Tout et son contraire. Comme lorsque j'étais petite et que je prenais ce que disait mon père au pied de la lettre. Pour ne plus savoir, ensuite, ce que je voulais vraiment.

À part son amour. Comme aujourd'hui. Quand je ne sais plus ce que je veux. À part son amour.

Pourquoi lui ?

Parce qu'il m'écoute. Parce que avec lui je me sens importante. Parce qu'il me prend au sérieux. Et qu'il me regarde avec les yeux de quelqu'un qui découvre un monde inconnu quand je lui raconte quelque chose. Parce qu'il me dit que j'ai raison quand mes raisons ne servent pas à grand-chose. Car les gens ne cherchent que des certitudes et que moi, avec mes doutes, j'ai l'air de quoi ?

Toujours trop fragile et peu sûre de moi. Il m'aime comme ça. Et alors peut-être vaut-il mieux que je garde mes incertitudes. Même quand je me perds dans le labyrinthe de mes peurs et que j'ai l'air de demander pardon pour tout, même pour le simple fait d'exister.

Jacques est différent.

Il ne me fait pas entrer dans la spirale du chantage : je te donne ce que tu exiges et tu me donnes ce que je veux.

Comme lorsque j'étais petite et que je pensais que rien n'était gratuit, pas même un sourire. Et qu'il fallait toujours se donner la peine de le mériter.

Dans la vie, comme le disait tout le temps mon père, ne gagne que celui qui se bat sans jamais s'avouer vaincu. Dans la vie, pour obtenir quelque chose il faut suer sang et eau. Dans la vie, tout est devoir et sacrifice.

Pourquoi devrait-il en aller autrement avec l'amour ? Comment un homme pourrait m'aimer si je le décevais ?

Jacques est différent.

Il se contente d'être à mes côtés. Même quand il ne comprend pas pourquoi je suis aussi triste parfois. Qu'il me regarde avec perplexité et ne conçoit pas qu'un coup de vent suffise à me faire passer de la joie aux ténèbres.

Aujourd'hui encore. Malgré tout…

Peut-être parce que, dans la vie, on peut se passer de tout, sauf de ses habitudes. Et quand on a grandi convaincu que, pour survivre, il faut payer la dette d'une faute qu'on n'a peut-être pas commise, la joie paraît étrange. Suspendue à un fil de laine qui manque à chaque instant de se rompre.

On n'imagine même pas que l'autre puisse s'attacher à nos faiblesses. Que l'autre puisse même découvrir que nos fragilités le rassurent. Et qu'à force de partager le présent, le bruit du passé puisse devenir moins assourdissant.

Et si jamais lui aussi m'abandonnait ?

Mais ça ne dure qu'un instant, car, au fond, je sais qu'il sait que je ne peux pas vivre sans lui, que, même si je dis que tout va bien, en réalité rien ne va, que je fais toujours le contraire de ce que je voudrais faire, qu'un rien suffit pour que je m'effondre, même si je suis forte, tellement forte, tu sais combien je suis forte, n'est-ce pas ?

12

Quand les étreintes font défaut

« On ne mange pas trop tard, hein ? »

Ce doit être la quatrième fois qu'il me le répète. Il a commencé il y a deux heures, dès notre retour. Et maintenant il est dans le bureau, la tête à l'envers, parce que je ne l'ai pas écouté et que je me suis installée dans le canapé pour lire un livre. Je l'ai commencé voilà un mois et je n'arrive pas à le finir. Avec le déménagement, tout est sens dessus dessous, et je ne vois pas les journées passer. Comment les gens arrivent-ils à toujours tout mener à bien ?

« Allez, j'ai vraiment faim ! »

S'il continue, je lui tords le cou. Aujourd'hui, je voulais rester tranquillement à la maison et ne rien faire. Au lieu de cela, il m'a traînée voir les cuisines chez Ikea. Cinq heures à mesurer des angles, des longueurs et des largeurs.

Et comme je le craignais, il ne suffit pas de faire la queue et d'attendre que M. Ikea dessine le tout en 3D à l'ordinateur. Il faut se débrouiller tout seul.

À l'arrivée, quand on me l'a confirmé, je voulais repartir. J'avais déjà essayé la veille, à la maison, sans grands résultats. Puis c'est toujours la même chose, on fait de nécessité vertu. Et j'ai passé avec Jacques des heures à cliquer sur des meubles, à changer les portes, à ajouter des lave-vaisselle, à encastrer des éviers.

Comment les gens peuvent-ils avoir autant de patience ?

« On fait des pâtes ? »

Cette fois, j'en ai vraiment ma claque. Car il faut savoir que pour lui « On fait » équivaut à « Tu fais ». Et, aujourd'hui, j'ai eu ma dose de cuisine.

Comment les gens arrivent-ils à ne jamais en avoir marre ?

Mais peut-être que j'exagère une fois de plus. J'ai moi aussi très envie de déménager. Pour la première fois, j'organise mon espace, et je le fais avec quelqu'un d'autre. Même si j'ai mis des mois à me décider. Et lorsque Jacques m'en avait parlé la première fois, je l'avais presque agressé.

Qu'est-ce qui lui prenait ? Pourquoi s'était-il mis en tête de déménager ? Qui devait l'acheter, cette fichue maison ? C'était pour qu'on invite ses enfants ?

À cette époque-là, c'était fréquent. Dès qu'il me disait quelque chose qui ne me plaisait pas, les enfants arrivaient sur le tapis. Parce que lui en avait et moi pas. Parce qu'il n'en avait pas voulu avec moi. Parce qu'il était égoïste. Parce qu'il ne m'aimait pas.

Comment les gens peuvent-ils tout laisser glisser ?

Pourtant la plupart des gens meurent sans avoir eu grand-chose. Moi non. J'ai eu tellement de choses. Même si, souvent, je l'oublie et je suis injuste envers la vie. Et envers Jacques.

Comme s'il me manquait toujours quelque chose et que, derrière ma colère, se cachait la faim vorace d'être comprise, d'être choyée.

Cette faim d'absolu. Même si je me suis rendu compte qu'à force de courir après l'absolu, c'est le quotidien qui s'échappe.

Cette envie, pas tant d'être comprise que de réussir à m'expliquer. De trouver les mots justes. Ceux qui s'échappent. Eux aussi. Avec le quotidien.

Alors que, derrière chaque geste, même le plus banal, se dissimule quelque chose de précieux.

Peut-être que les étreintes font défaut, comme le dit Martha Nussbaum en parlant de l'amour idéal. Quand on idéalise quelqu'un, on oublie de le prendre dans ses bras. Et alors le vide intérieur refait surface.

Le manque de quelqu'un ou de quelque chose. Un mot. Une odeur. Une sensation.

L'absence de ce « je-ne-sais-quoi » qui est pourtant si important, presque vital. Car il nous oblige à régler nos comptes avec nous-même et avec ce que nous n'avons pas. Et que nous ne posséderons jamais.

C'est aussi ça, la vie : se rendre compte qu'il y aura toujours quelque chose d'absent qui nous tourmentera. Parce que personne ne peut jamais « tout » avoir. Personne ne peut jamais être « tout ».

Et qu'importe si je n'ai jamais eu d'enfants, si personne ne m'appellera jamais maman et que je ne saurai pas ce que ressent la mienne quand elle cherche à me joindre au téléphone, vient me voir à Paris, me serre fort contre son cœur.

« Si j'avais un enfant, je devrais me lever tôt le matin pour l'emmener à l'école, pas vrai ? »

Intermède n° 3

Aimer, c'est donner quelque chose qu'on n'a pas à quelqu'un qui n'en veut pas.

Jacques Lacan, *L'Éthique de la psychanalyse*

Avant de comprendre exactement ce que veut dire Lacan quand il parle du « non-avoir » de l'amour, il faut faire bien du chemin. Surtout quand on vient de loin et qu'on a grandi avec le mythe de l'identité et de la cohérence : en amour, on donne ce que l'on a et on veut ce que l'on reçoit. Ou qu'on s'obstine à croire que l'amour et la vie peuvent se raconter de manière linéaire. Quelques postulats de départ, et tout le reste suit. Sans tous ces points de suspension et ces soupirs, qui sont la preuve indiscutable d'une incapacité structurelle à conceptualiser l'existence de façon sérieuse ou scientifique – mais vous êtes-vous déjà demandé pourquoi le sérieux et la scientificité, dans la bouche des gens, riment de plus en plus souvent avec pédanterie et aveuglement quant à la complexité contradictoire de l'existence ?

Mais voilà que je me perds une fois de plus en digressions, comme si le « non-avoir » lacanien me contraignait à admettre tout ce que je n'ai pas moi non plus, tout ce qui me manque peut-être trop pour que j'en fasse simplement le deuil. Comme si je devais à mon tour me résigner à l'idée de ne rien pouvoir dire de l'amour...

Reprenons donc le fil avec patience. Pourquoi le « non-avoir » de l'amour cherche-t-il une justification ? Pourquoi ne se contente-t-il pas de celui qui cherche des excuses en faisant des digressions et en se heurtant aux concepts ? Le « non-avoir » est là, sous nos yeux. Et il veut être pris au sérieux. Notamment pour qu'on arrête une bonne fois pour toutes de confondre l'amour et la passion.

Non pas que la passion ne soit pas digne d'intérêt. Non pas que la passion ne mérite pas d'être vécue. Seulement que la passion produit et consume l'énergie, produit et consume le plaisir, produit et consume les sentiments. Tandis que l'amour est fait de tout ce qui nous tient en vie, de tout ce que l'on n'a pas, que l'on invoque et que l'on maudit, que l'on perd depuis la naissance bien que l'espoir d'en disposer à nouveau perdure jusqu'à la fin.

L'amour est fait de tout ce que l'on n'a pas et que l'on voudrait avoir, de tout ce que l'on croit qu'un autre possède et que, pourtant, il n'a pas, de tout ce que l'on pense s'approprier au moment même où on le perd à tout jamais.

Chaque fois que l'on est amoureux, on cherche dans l'être aimé ce que l'on a perdu. Recherche vaine et insensée, car l'autre ne possède pas plus que nous ce qui a été perdu.

L'objet perdu – ce qui nous manque vraiment – est toujours ailleurs. Repoussé par un désir qui ne se satisfait jamais de ce qu'on réussit à obtenir.

On ne sait pas pourquoi on est aimé. On peut simplement chercher à le deviner. Ou alors se raconter une multitude d'histoires. Mais, dans le fond, on ne le saura jamais vraiment. Car nous ne savons ni ce que nous avons ni ce que nous cachons.

Surtout, nous n'imaginons pas ce que nous évoquons pour l'autre, cet horizon de sens qui apparaît à notre insu et qui nous rend unique et, parfois, indispensable.

Amour et unicité.

Non pas que l'on aime qu'une seule personne. Mais c'est toujours à travers l'amour que l'on comprend que l'on est irremplaçable.

C'est lui que j'aime, et personne d'autre. Aucun ne pourrait prendre sa place. Même s'il nous offrait exactement les mêmes choses et se comportait de la même façon.

Je peux un jour aimer quelqu'un d'autre. Mais ce sera un autre, justement. De façon différente. Et pourtant, encore une fois, unique.

Car, en amour, chacun de nous est vraiment unique.

C'est là la folie de l'amour : dans un monde où personne n'est indispensable – car il se trouve toujours quelqu'un susceptible de prendre notre place –, l'amour dit que ce n'est pas possible, qu'il ne veut pas, qu'il ne le supporte pas.

Même si celui que nous aimons ne nous donne rien de ce dont nous avons besoin. D'ailleurs, peut-être est-ce exactement parce que celui que nous avons ne nous offre rien de ce dont nous avons besoin.

Voilà pourquoi l'amour commence seulement quand on cesse de demander à l'autre de nous donner ce qui nous manque et que nous ouvrons les yeux sur ce qu'il nous donne, même si nous l'avons déjà.

De toute façon, l'amour ne suffit jamais.

Et ce « je t'aime » qui arrive quand nous n'en avons pas besoin ne nous sera d'aucun secours quand il nous manquera à la folie et n'arrivera pas.

L'amour ne produit rien. Il n'est pas au service du capital. Il ne fait jamais crédit. Il est anticapitaliste.

Et même quand les dettes s'accumulent, personne n'est jamais disposé à reconnaître les torts commis. Voilà pourquoi tant de gens s'acharnent contre lui. Souvent au nom du libre marché et de l'individualisme. Cet individualisme qui, au fond, n'existe pas, car jamais comme aujourd'hui l'individu n'a été autant soumis à l'indifférenciation des masses et des marchandises. Paradoxes de l'hyperindividualisme qui est surtout du conformisme conservateur.

L'amour demande, interroge, supplie. Mais les réponses tardent à venir. Elles ne viennent même jamais. Dans un va-et-vient fait de tentatives et d'erreurs. Un va-et-vient qui nous laisse toujours seuls. Comme quand on souffre. Car la souffrance, comme l'amour, ne peut jamais se partager.

L'amour requiert de l'amour, ne serait-ce que pour faire don de son propre manque. En faire don encore et encore.

Encore ! Parce que l'amour ne se satisfait jamais une fois pour toutes et que les réponses que l'on peut obtenir ne font qu'alimenter d'autres demandes.

Encore ! Parce qu'il y a toujours quelque chose que nous voudrions savoir, avoir, espérer, conquérir, arracher...

Aimer la limite. En sachant que l'autre ne nous appartiendra jamais malgré les efforts que nous pouvons déployer pour le garder à nos côtés. Liés à un désir qui est toujours désir d'autre chose par rapport à ce qu'un autre peut nous donner.

Autre par rapport à nous. Mais aussi autre par rapport à ce que nous avons déjà, autre par rapport à l'autre, autre par rapport à ce que l'autre possède. Autre. Simplement autre. Et donc toujours ailleurs.

L'amour, pour Lacan, n'est pas victime de l'échec du narcissisme, comme le pensait Freud, pour qui l'amour de l'autre n'est qu'amour de soi. Comme Narcisse qui, devant le miroir d'eau, contemple son reflet, éperdument amoureux de son visage.

L'amour, d'après Lacan, naît dans la rencontre, quand on espère pouvoir combler le vide que l'on a en soi en le remplissant de l'autre. Même si on découvre ensuite que le vide demeure et que l'autre s'éloigne, nous laissant une trace de notre exil intérieur.

Le vide ne peut jamais être comblé. On peut seulement le traverser *avec* un autre.

Ensemble, et pourtant toujours seuls.

13

Qu'aurais-je pu faire de plus ?

Pendant longtemps, je me suis échouée sur le « combien ».

« Combien tu m'aimes ?

– Très fort.

– Très fort combien ? »

Je voulais m'entendre répondre autant que le ciel et autant que la mer. Autant que tout l'univers. Ma première pensée quand je me réveille, la dernière quand je m'endors. Le plus lumineux des sourires.

Des années durant, j'ai cru que seul l'amour pouvait donner un sens à ma vie. Et c'était un drame quand l'homme que j'aimais s'en allait.

Peut-être étouffé par la liste infinie de ce que je voulais. Las d'entendre sans cesse des reproches.

Comme Alessandro, le grand amour de ma vie. Que j'avais rencontré à l'époque de l'université, quand j'étais encore prise au piège de ma souffrance. Le grand amour qui aurait dû me libérer du poids de mon passé. Qui aurait dû prendre la place de mon père. Qui aurait dû me protéger de moi-même. Qui aurait dû…

Des années durant, j'ai été prisonnière d'un amour absolu et destructeur. L'amour était tout. Ce qui endiguait mes vides et mes blessures. Ce qui consolidait mon identité et mon désir.

Pourquoi l'autre partait-il après être venu me chercher et m'avoir promis la lune ? Pourquoi m'abandonnait-il après m'avoir donné le sentiment d'être importante ?

Moi et mes récriminations.

Moi et mon incapacité à survivre à la perte.

Si j'existais seulement dans le reflet de son regard, qu'est-ce que je devenais s'il arrêtait de me regarder ?

Des années durant, j'ai été absolument incapable de voir. Que lui aussi pouvait avoir ses doutes et ses blessures. Qu'à lui aussi il manquait quelque chose. Que lui aussi entrait chaque jour en lutte contre son passé et ses démons.

Une mère trop bonne et pas assez sûre d'elle pour dire au père que ça suffit. Ou alors trop distante pour le prendre dans ses bras et lui faire une caresse. Ou alors absente. Ou alors préoccupée de son seul travail. Ou alors partie à tout jamais.

Comme Francis. Qui ne prenait jamais de risques. Et à qui je devais donner du temps. Le temps qu'il en parle à ses enfants. Le temps qu'il quitte sa compagne. Le temps qu'il accepte lui-même la possibilité de l'amour. Des mois et des mois passés à attendre, à pleurer, à récriminer. Jusqu'à ce que je réalise que c'était trop tard. Et que l'attente avait anéanti mon désir.

Des années durant, j'ai été incapable de discerner les choses avec cette clarté. J'étais persuadée que j'étais la seule victime. Que c'était toujours moi qu'on abandonnait. Celle qui devait s'habituer à son absence. Celle qui avait tout fait – mais vraiment tout, je le jure – pour que ça s'améliore.

Qu'aurais-je pu faire de plus ? Qu'est-ce que je n'avais pas compris ?

Nous, les femmes, sommes souvent ridicules. Parfois même pathétiques. Nous noircissons des pages entières pour dire tout ce que nous aurions voulu dire. Des pages remplies de douleur parce que nous nous sentons trahies et abandonnées. Des pages remplies de plaintes parce qu'il n'a pas compris notre fragilité, n'a pas vu nos efforts, se moque de nous. Désormais nous savons qu'il ne fait que mentir. Et cette fois, c'est vraiment la dernière.

Nous dressons ainsi la liste de ce que nous avons espéré, supplié, réclamé, arraché. Nous reviennent en mémoire les sacrifices, les renoncements et les promesses. Et il devient coupable de tout. Surtout d'être différent de ce que nous aurions voulu qu'il soit.

Qui, dès lors, est le véritable responsable ? Lui, qui est toujours égal, terriblement égal, identique à lui-même, ou nous, qui avons cru qu'il changerait pour devenir comme nous avons toujours rêvé qu'il soit, comme il aurait dû être ?

Je déteste les récriminations. Elles sont pareilles à la pluie d'hiver qui s'insinue partout, jusque dans le cœur.

Depuis quelques jours, il n'arrête pas de pleuvoir à Paris. Comme si le ciel souhaitait me punir. Je le pense tellement fort que je finis par m'en convaincre.

Je fais tout toute seule. Et j'y excelle.

« Devine à quoi je pense ?

– À quoi ?

– Je ne te le dis pas, c'est à toi de deviner.

– Je n'en sais rien.

– Allez, un petit effort !

– D'accord, je vais y réfléchir.

– Non, maintenant ! Dis-moi à quoi je pense, s'il te plaît.

– Qu'à partir de demain tu arrêtes de te plaindre ?

– Connard. »

Je hais les récriminations. Mais, comme d'habitude, dès que je ne supporte pas quelque chose, je ne peux pas m'empêcher de gémir.

Peut-être parce que, malgré tout, l'enfant que j'ai été n'arrive pas à se résigner.

Mais pourquoi Jacques se moque-t-il de moi ?

14

Comme si de rien n'était

Pourquoi est-ce que je n'arrive pas à parler sans à-coups ? Quelle est cette démarche sèche et sans rimes ? Pourquoi ai-je oublié toutes les comptines de mon enfance ?

Nel gennaio freddo e gelo. A febbraio di nebbia il velo. Marzo pazzo, agitatore. Dolce è april col suo tepore...

Peut-être les ai-je oubliées parce que le froid et le gel contaminent aussi les autres mois. Ce n'est pas vrai qu'avril est clément. Ici, en France, on ne se découvre pas d'un fil. Et puis l'amour se reconnaît toujours au « lointain de celui qui m'est proche » de Marina Tsvetaïeva.

Et ça, ça ne rime avec rien. Ça fait seulement mal.

Parce que l'autre est loin même quand il est proche. Il est toujours loin. Peut-être même plus encore quand il est proche…

« Quand vas-tu arrêter d'être aussi agressive ? Détends-toi. Je suis là. Sois tranquille.

– Et toi, quand vas-tu commencer à m'écouter ? Je ne veux pas avoir raison, je ne veux pas te dire ce que tu dois faire. Je voudrais seulement que, de temps en temps, tu te souviennes de ce que je dis. »

Nous y revoilà. Le problème de l'amour recommence chaque fois que le réel est exclu. Quand on se dit qu'on peut ouvrir et fermer les possibilités comme si c'étaient des boîtes en carton.

En prenant le risque de rester seuls à jamais, noyés dans les mêmes couleurs fanées que celles de l'enfance.

Vaut-il mieux ne pas lui répondre, faire comme si de rien n'était, attendre qu'il se demande pourquoi je reste silencieuse, comme ça, peut-être qu'il me rappellera et me demandera pardon ? Ou alors, je lui dis tout ce que je pense, qu'il me manque et que c'est un connard, qu'il m'avait promis de venir, que je ne tiens plus, que je ne suis quand même pas à sa disposition ?

Vaut-il mieux ne pas lui dire exactement ce que je ressens, je joue l'indifférence, j'apprends moi aussi à faire comme les autres, celles qui se font désirer, attendre, courtiser ? Ou alors j'arrête de prétendre être différente de ce que je suis, je lui montre tout de suite que je suis folle et fragile et dépendante et pas sûre de moi ?

La vérité est toujours ailleurs.

Dissimulée derrière une série de questions sans réponses.

Car les mots ne suffisent jamais pour raconter ce que je voudrais faire et que j'ai laissé en plan.

Toutes les fois où il était là et où je l'ai perdu.

« Je n'ai jamais pensé que tu voulais me dire que j'avais tort. Je ne balise pas le terrain avec les torts et les raisons.

– Alors pourquoi tu ne me réponds pas ?

– Paris est ce soir une ville de vent. Et de fleurs roses dans le ciel. Aussi belles que toi quand tu es un peu triste. Mais maintenant, fais-moi un sourire, s'il te plaît ! »

15

Une multitude de petits riens

L'amour est fait d'une multitude de petits riens. Des choses de rien du tout qui, en dépit du rien, sont plus résistantes que tout le reste. Les balades à scooter sous la pluie – la pluie de Paris, qui n'en finit pas de tomber et qui colle aux vêtements. Les courses faites à la va-vite au coin de la rue – on oublie toujours quelque chose et alors on s'énerve parce qu'il n'a pas pris la liste, pourtant dans l'entrée, à côté des clefs et des chocolats de maman. Le linge sale qui traîne dans la salle de bains et le lait périmé. La brosse à dents et le four en panne. Un « Tu es belle aujourd'hui » lancé comme ça, à mon retour, dès qu'il m'aperçoit. Alors que, aujourd'hui, je ne suis vraiment pas très chouette, entre les cernes, le collant filé et les taches sur mon pull.

L'amour est fait de cela et de pas grand-chose d'autre. Et il n'a rien à voir avec les princesses immaculées et les princes valeureux. Des statuettes de porcelaine qui s'effritent au passage du temps. Celui qui se dépose sur nous et nous fait vieillir jour après jour. Les rides autour des yeux. Le pas fatigué.

« Quand vas-tu te décider à ranger les livres ? »

J'ai à peine ouvert la porte que je l'agresse déjà, sans même avoir pris le temps de le saluer. Cela fait des jours que Jacques me dit qu'il va s'en occuper. Il y a encore un tas de cartons dans l'entrée et dans le salon. Ce fichu déménagement semble ne pas avoir de fin, et je commence à en avoir marre. Pourquoi ne comprend-il pas que j'ai besoin d'un peu d'ordre et de beaucoup de tranquillité ?

« J'allais m'y mettre. »

Le même ton un peu las – il a clairement envie de remettre ça à plus tard car l'idée de ranger ne lui dit rien. Tout est à peu près déjà en ordre. En quoi deux ou trois cartons dans le couloir peuvent-ils me gêner ?

« Et ? »

J'ai le ton hargneux. Je ne supporte pas la procrastination. Pas plus que les excuses. Et la paresse.

« Déjà fâchée ? »

Il me le dit avec le sourire. Je souris moi aussi.

Nous nous connaissons par cœur. Et il sait que la seule façon de me rattraper quand je m'apprête à dérailler, c'est de me faire rire. Me faire rire de ces petits riens qui n'ont aucune importance, car la vie n'a rien à voir avec l'ordre, et le quotidien est aussi fait de cartons qui s'accumulent après un déménagement et auxquels personne n'a envie de s'attaquer, même si, du coup, on ne sait pas si les factures de gaz ont été payées, et arrivent alors les rappels, et il faut bien payer, et mieux vaudrait faire les choses dans l'ordre... n'est-ce pas mon trésor ?

En amour, on s'accroche en permanence. Et on recommence chaque jour de zéro.

Parfois même quand on n'en a plus envie. Surtout quand l'envie a disparu.

Il m'a fallu du temps pour l'accepter. Et comprendre que c'est avec Jacques que je veux vieillir. Même s'il n'est pas parfait. De toute façon, je ne le suis pas non plus. Et puis lui seul comprend ce qui se cache derrière mes cris quand je rentre dans une colère folle, derrière mes larmes quand j'ai l'impression de partir à la dérive, derrière mon épuisement quand je me sens si fatiguée que je voudrais uniquement fermer les yeux et ne plus les rouvrir.

Jacques seul sait que je ne suis pas la garce que j'ai l'air d'être, que je ne suis pas aussi fragile que je le parais, que je ne suis pas forte quand je veux le faire croire.

Lui seul devine que je suis toujours « autre » : autre que ce que je montre et ce que je dis ; autre que ce que les gens pensent ; autre, aussi, que ce que j'imagine.

Jacques sait que je suis autre que tous ces mots auxquels je suis tellement attachée et que je n'ai de cesse de chercher pour expliquer qui je suis et ce que je cherche, bien qu'ils soient en réalité inutiles. Parce que personne ne sait les doser comme il faut. Personne ne sait les mettre au bon endroit.

Au fond, même les mots ne suffisent jamais. Pire ! ce sont souvent eux qui nous trahissent. Tandis que les épaules s'affaissent et que le regard se baisse. Et que je cherche à disparaître dans un petit coin, comme lorsque j'étais enfant, m'excusant presque d'exister.

Jacques sait que je suis autre.

Et que notre amour repose en grande partie sur ce que nous sommes les seuls à connaître l'un de l'autre.

Et qui exclut tous les autres.

16

Des paroles en l'air

Maman avait l'art d'organiser les dîners. La nappe brodée. Les couverts en argent. Les *orecchiette* maison. La tarte à la ricotta.

Les mots s'entassent dans un coin de ma tête. Comme si j'étais désormais incapable de construire des phrases complexes. Sujet, verbe, complément. Plusieurs syntagmes reliés entre eux selon les règles élémentaires de la syntaxe. Être appelé, être surnommé, être apostrophé, comme le font les verbes d'appellation à la forme passive. Être cru, être estimé, être considéré – comme quand la pluie tombe dehors ! Mais qu'est-ce que la pluie vient faire là-dedans ?

Ça y est, je me suis une fois de plus laissé distraire et tout s'est de nouveau perdu… qu'est-ce que je disais ? Ah oui, bien sûr ! Les verbes exprimant un jugement… ceux qui nous permettent d'être crus et considérés…

Mais si personne ne croit plus en rien ?

Serait-ce parce que plus personne ne sait utiliser les conjonctions ? *Mais, ou, et, donc, or, ni, car*. Enfants, nous les apprenions comme s'il s'agissait d'une chansonnette. Je crois qu'aujourd'hui, ça ne se fait plus. De toute façon, depuis que Twitter existe, cent quarante signes suffisent. Et les conjonctions prennent trop de place. Inutile de gaspiller le temps à les apprendre !

Et la leçon d'Alice ? Elle non plus n'avait pas envie de gaspiller son temps. Avant les reproches du Chapelier fou… Si elle avait connu le temps aussi bien que lui, elle n'en aurait pas parlé comme ça. Et elle serait restée en bons termes avec lui. Sans prétention ni désespoir.

Depuis que Twitter existe, même moi je ne suis pas en bons termes avec le temps et j'oublie tout très vite. Les conjonctions et les recettes de ma grand-mère, les verbes d'appellation et les efforts que requiert l'amour…

En cent quarante signes, il n'y a pas de place pour ces vieilleries. Il suffit d'une frappe. Parfois même de rien du tout. Le temps et les efforts sont passés de mode.

« Pourquoi donc devrions-nous faire des efforts ? Vous êtes des corrompus, des voleurs et des ratés ! !

– Mais qu'est-ce que tu racontes ? Tu ne vois pas que la colère te fait dire n'importe quoi ?

– HONTE ! ! ! ! TU DOIS AVOIR HONTE.

– Mais honte de quoi ? »

On se plaint de tout et on se fâche. Dans la rue ou sur le Net. On manifeste sa colère avec des majuscules et des points d'exclamation. Sans comprendre que cette colère est vaine. Et que le plus important des signes de ponctuation est le point d'interrogation. Qui est aux antipodes de l'entêtement et de la colère.

La colère détruit tout.

Même l'amour. Qui s'est perdu en chemin. Et qu'on n'arrive même plus à nommer.

Intermède n° 4

Nous avons tendance à ne pas tolérer la routine, car nous avons été habitués dès l'enfance à courir après des objets « jetables », à remplacer très vite. Nous ne connaissons plus la joie des choses durables, fruit d'un effort et d'un travail scrupuleux.
Zygmunt Bauman, *L'Amour liquide*

D'après Zygmunt Bauman, aujourd'hui, l'amour aussi serait victime du consumérisme : dans un monde où tout est consommation, même les sentiments se videraient à la recherche d'une éventuelle satisfaction.

Un amour liquide. Comme le rapport que nous avons aux objets, que l'on utilise avant de les jeter. Comme si les gens étaient de simples choses. Comme si nous avions tous oublié la signification de l'attachement et du renoncement.

Pour Bauman, l'amour aurait été renversé par le consumérisme. On se contenterait désormais de vivre dans l'immédiat, on n'aurait plus de projets à long terme et on ne serait plus capables de construire quoi que ce soit de durable.

D'un côté, nous continuons à souhaiter des relations stables et durables par peur de la solitude. D'un autre côté, nous avons tellement peur de rester englués à l'intérieur de liens étouffants que nous prenons la fuite dès qu'une relation semble se consolider.

Dès lors, se contenter de relations de « semi-attachés » serait beaucoup plus simple : des relations éphémères et instantanées où personne ne tombe amoureux parce que plus personne n'est prêt à se laisser submerger par les émotions.

Des satisfactions instantanées, des objectifs que l'on atteint sans effort, des recettes efficaces, des assurances qui nous protègent des risques de la vie.

Zygmunt Bauman a sans doute raison. Comment décrire, sinon, la façon dont se construisent aujourd'hui les relations sociales et affectives ? Comment s'empêcher de croire que même l'amour est soumis aux lois du marché, de plus en plus flexible et libre, de moins en moins constant et durable ? Aujourd'hui tu me plais, demain tu ne me plais plus. Aujourd'hui on est ensemble, demain je te quitte. Je t'utilise puis je te jette. Comme tout le reste.

Comment faire pour croire encore en l'exception de l'amour ?

Pourtant Bauman a tort. Car, au fond, ces relations ne sont que le revers de la médaille des histoires conventionnelles d'autrefois.

La forme change. Les contenus aussi. Mais la substance reste identique, car l'amour n'a rien à voir avec la traduction sociale de l'amour.

L'amour est anticonformiste. Il est absent des relations « jetables » d'aujourd'hui, tout comme il était absent de bien des relations « indissolubles » du passé. Quelle dose d'amour y avait-il dans les « pactes de stabilité » qui soudaient nombre de mariages dans lesquels l'homme et la femme se traînaient sans enthousiasme, pris dans le nœud coulant d'un lien dénué de sentiments ?

« Ces misérables époux qui restent là, comme l'écrit Kierkegaard, gémissant de ce que l'amour depuis longtemps se soit volatilisé de leur mariage, ces époux dont tu as dit un jour qu'ils restent comme des fous, chacun dans son enclos conjugal. »

Ces époux qui se complaisent dans la morne opacité de leur relation, juste parce qu'ils sont capables de persévérer au nom de la « dignité d'un devoir », comme Newland Archer dans *Le Temps de l'innocence*, qui se félicite de son immense courage, même après avoir compris qu'il a perdu ce qu'il désirait le plus au monde, son amour pour Ellen, la « fleur de la vie ».

Bauman a raison. Sans certitudes et sans points de repère stables, la vie et l'amour deviennent liquides. Plus de promesses. Plus de sacrifices. Plus d'obligations. Et le « jusqu'à ce que la mort nous sépare » est désormais vécu comme un piège.

Mais qui pourrait promettre l'amour éternel sans mentir ? Le vrai piège n'est-il pas celui que l'on construit quand, au lieu de promettre des actes qui dépendent au moins en partie de nous, nous promettons des sentiments qui, par définition, ne dépendent de personne ?

« Qui promet à quelqu'un de l'aimer toujours, ou de le haïr toujours, promet quelque chose qui n'est pas en son pouvoir », écrit Nietzsche.

Car l'amour n'est fait ni de certitudes ni de points de repère stables. L'essence de l'amour est la liberté.

Liberté d'être soi-même. Liberté de se tromper et de se faire mal. Liberté de tout casser et de recommencer. Mille et mille fois. Encore et encore.

Avec le même cortège d'erreurs qui se répètent à l'infini.

C'est ça, la liberté. Et l'amour aussi. Un des nombreux revers de la vie. Peut-être parce que la seule liberté à disposition est une liberté sous condition : je suis libre *mais*, je suis libre *et pourtant*.

Chacun est libre de se mouvoir à l'intérieur d'un aquarium, pareil à un poisson rouge qui cherche frénétiquement une issue. Chacun est libre à l'intérieur d'un système donné, sur la base des possibilités que les adultes nous ont fait entrapercevoir enfants.

Libres de répéter un rôle ou un scénario. Libres de chercher l'objet d'amour que nous avons perdu. Libres d'espérer que son regard pansera nos blessures. Libres de rien. À moins de se savoir non-libres.

Cette non-liberté que l'autre accepte seulement quand nous acceptons à notre tour sa non-liberté.

Bauman a raison. L'individu contemporain préfère ne pas prendre de risques. Et, par conséquent, ne pas tomber amoureux. Ne pas se laisser aller. Ne pas parier. Ne pas faire confiance.

Comment se fier à quelqu'un, d'ailleurs, quand les premières promesses qui nous ont été faites n'ont pas été tenues? Comment faire confiance quand on n'a pas eu la possibilité de se construire indépendamment du regard des adultes parce qu'on ne pouvait pas ne pas être à la hauteur, parce que notre valeur dépendait des autres ?

On a beau tourner le problème dans tous les sens, on en est toujours au même point. Si l'amour était un objet d'échange, pareil à n'importe quelle autre marchandise, le monde serait terrifiant.

Je t'aime si. Je t'aime à condition que. Je t'aime quand.

Alors que l'amour naît sans « si » et sans « mais ». Non pas qu'il soit entièrement inconditionné – rien n'est inconditionné dans la vie – mais parce que les seules conditions acceptables sont celles de l'énorme risque que l'on prend en acceptant de dépendre du bon vouloir de celui qu'on aime.

17

Rêves et compromis

J'ai toujours beaucoup aimé les histoires d'amour. Éperdument romantique. Je l'étais enfant et le suis encore aujourd'hui.

Jacques n'arrête pas de se moquer de moi et de mon sentimentalisme.

« Ce n'est qu'un film, tu sais, me dit-il quand j'ai les larmes aux yeux en regardant une scène d'amour.

– Et alors ? » je réponds avec agacement car, quand il commence comme ça, il ne me laisse plus tranquille.

« Quand vas-tu grandir ?

– Qu'est-ce que ça peut te faire ? Je ne t'oblige pas à pleurer avec moi. »

Jacques se moque de moi.

Mais peut-être m'aime-t-il aussi parce que les histoires d'amour me plaisent tant et que je me fiche pas mal du qu'en-dira-t-on – un jour, une de mes collègues a écrit que nombre de mes théories idiotes reposaient sur le rêve romantique du Prince Charmant et l'illusion d'un « pour toujours » qui n'existe pas. Des théories idiotes sur le désir, qui montrent bien que je n'aurais tiré aucune leçon des batailles féministes des années soixante et soixante-dix, lorsqu'on a enfin compris que faire l'amour était comme boire un verre d'eau quand on a soif, que les femmes amoureuses renoncent à leur autonomie, et qu'il vaut mieux devenir prostituée et se faire payer en triant sur le prix et arrêter d'être victimisée par les moralistes amoureux de l'amour, car les prostituées ne sont jamais des victimes, et que même quand elles se font violer, au fond ce n'est pas si grave, tout va bien, tout se vaut ; finissons-en avec ces censeurs ! Finissons-en avec la philosophie morale qui prétend encore légitimer ou condamner ce qui se passe dans notre chambre à coucher ! Finissons-en avec cet amour qui n'existe pas et qui, s'il existait, devrait être détruit !

Jacques se moque de moi.

Mais peut-être m'aime-t-il aussi parce que je crois encore en l'amour et qu'il m'importe peu de passer pour une gamine quand je raconte qu'une vie sans amour n'aurait aucun sens et que je me sens comblée et heureuse seulement depuis notre rencontre, mais également fragile car s'il me quitte, qu'est-ce que je deviendrai ?

Jacques se moque de moi.

Mais peut-être m'aime-t-il aussi parce que je n'ai pas honte des larmes qui baignent mes yeux quand je relis *La Petite Sirène* et que j'en suis aux pages où elle renonce à tuer le prince et se transforme en écume.

« Dis, mamie, tu me racontes comment tu l'as rencontré ? »

Quand j'étais petite, je bombardais ma grand-mère de questions. C'était beau de voir grand-mère et grand-père arpenter la rue main dans la main après tant d'années de mariage.

« C'était chouette quand vous veniez me chercher à l'école. »

Qui sait pourquoi les histoires d'amour de nos grands-parents ressemblent toujours à des contes de fées. Les compromis qu'ils faisaient étaient nombreux et il y en avait souvent un qui cédait, par faiblesse ou pour avoir la paix.

Mais ça, on le comprend seulement une fois qu'on s'est heurté à la réalité – parce qu'il a oublié de faire les courses ou d'arroser les fleurs ; parce qu'elle est de plus en plus nerveuse et que, le soir, elle est trop fatiguée pour préparer à manger. Et qui s'occupe des devoirs des enfants ? Et qui leur donne le bain ?

Ce devait être pareil avant. Sauf qu'on ne le montrait pas. Et surtout on ne se séparait pas pour un oui ou pour un non comme on le fait aujourd'hui. Aujourd'hui tout est toujours très confus. Et, un jour ou l'autre, on se retrouve englués dans des polémiques stériles.

« Je le savais, je me suis encore fait avoir.

– Mais de quoi parles-tu ?

– Tu n'es pas mieux que les autres.

– Les autres qui ?

– Tu ne m'aimes pas.

– Tu es comme ta mère ! »

On se dispute, on se sépare, on rencontre quelqu'un d'autre.

On se dispute, on se sépare, on rencontre quelqu'un d'autre.

On se dispute, on se sépare, on rencontre quelqu'un d'autre.

Non pas que l'amour n'existe plus. Seuls les cyniques tiennent un tel discours, ils pensent que l'amour est un terrible quiproquo, un mensonge parfait sur les êtres et les choses, rien de moins qu'un esclavage, une dépendance et des illusions.

Là n'est pas le problème. À moins de croire qu'on ne pourra jamais aimer une autre personne. Lui vouloir du bien. La rendre heureuse.

Le problème c'est de confondre l'amour et le reste. Et d'appeler amour la simple projection de l'image idéale de soi sur un autre. *Tout* garder pour soi. Ne jamais choisir. Et vivre dans l'attente de devenir *tout*.

Tout le bien du monde. Tout l'amour du monde.

Que faire, alors, de ce qui nous manque et nous persécute – ce dont nous avons rêvé, enfant, pour combler notre néant, ce que nous avons pourchassé et espéré et jeté seulement parce que ce n'était pas exactement cela, ce n'était pas lui, ce n'était pas ce dont nous rêvions ?

Que faire de cette peur qui se cache en nous parce que, si nous aimons, nous perdons le contrôle, nous avons l'impression d'étouffer, et il en profite – et alors mieux vaut une « relation jetable », au moins on ne tombe même pas amoureux, et il ne s'accroche pas, et nous non plus, et aucun des deux n'étouffe l'autre en cherchant à comprendre à tout prix s'il nous aime vraiment et combien il nous aime et s'il nous aimerait encore si on avait une rupture d'anévrisme et que l'on restait cloué dans un fauteuil roulant, comme mon grand-père qui n'a pas prononcé un seul mot pendant vingt-cinq ans, tandis que grand-mère s'occupait de lui, et il se mettait parfois en colère mais n'arrivait même pas à le lui dire ?

Dans le concept de « relation jetable » que dénonce Zygmunt Bauman, réside sans doute l'incapacité à construire des relations durables et à se sacrifier pour l'autre : dès qu'il nous déçoit, on passe à l'aventure suivante.

Mais il y a aussi et surtout la peur de s'abandonner à une autre personne. Parce qu'elle peut nous trahir et nous laisser seuls. Elle peut abuser de notre fragilité et nous faire souffrir. Elle peut nous faire de belles promesses et ne rien nous offrir.

Celui qui, enfant, a appris qu'il pouvait rester seul sans succomber à la douleur d'avoir tout perdu pourra se laisser aller à l'abandon sans risquer de nouveau sa vie. Il pourra comprendre que, si l'amour nous vide, il ne nous anéantit pas. Il saura que, en perdant l'autre, il perdra tout sauf lui-même.

Et celui qui, enfant, n'a rien appris ? Celui qui s'est déjà éteint psychiquement parce qu'il a été abandonné trop tôt, avant d'être à même de survivre seul ? Celui qui avance péniblement, en s'appuyant sur ce qu'il doit faire, sans jamais perdre le contrôle, parce que si cela devait arriver, il sombrerait à nouveau ? Celui qui trompe pour ne pas l'être et qui s'en va pour ne pas être quitté ?

C'est simple. C'est banal. Et aussi terrible. Un tel être ne pourra jamais croire en ses semblables et se laisser aller et prendre le risque d'aimer.

Cet amour qui donne forme à l'existence.

Cet amour qui couvre tout.

Tout. Toujours.

Même quand il n'est pas là.

Maintenant je l'ouvre, cette porte, mais toi, qu'est-ce que tu fais ? Tu penses à moi, tu me parles, tu m'écoutes, tu m'appelles, tu m'écris, tu me consoles, tu me fais un cadeau, pas vrai ? Tu viens me chercher à la sortie du métro, tu pars avec moi, tu m'accompagnes à l'aéroport, tu me serres fort dans tes bras, tu me dis que tu m'aimes, tu me dis que tu m'aimes, tu me dis que tu m'aimes, mais tu m'aimes vraiment ? Tu me le dis, pas vrai ?

Mais peut-être que tu ne penses pas à moi, que tu ne me parles pas, que tu ne m'appelles pas, que tu ne m'écris pas, que tu ne me consoles pas, que tu ne me fais pas de cadeau. C'est comme ça, pas vrai ?

Et alors, tu ne viens pas me chercher à la sortie du métro.

Tu ne pars pas avec moi.

Tu ne me serres pas fort dans tes bras.

Tu ne m'aimes pas. Tu ne m'aimes pas. Tu ne m'aimes pas.

Mais comment tu me traites ? Pour qui tu me prends ? Pourquoi je devrais te faire confiance ?

18

Qu'est-ce que tu détestes le plus ?

Pourquoi, dans la vie, tout est toujours si difficile ? Pourquoi rien n'arrive-t-il jamais facilement, comme ça, sans trop d'efforts ? Pourquoi, même en amour, a-t-on du mal à se faire écouter, comprendre, accepter ?

L'amour est la pierre de touche de tout ce que nous attendons. Même quand il est trop tard. Et qu'il n'y a rien, plus rien, plus aucun rêve, plus aucune issue.

Cette intensité – qui fait que nous sommes pendues à leurs lèvres car quelque chose nous dit qu'ils peuvent nous comprendre et faire de nous des princesses –, cette intensité-là ne dure que quelques instants. Et puis on passe le restant de sa vie à se répéter que c'était si agréable de l'entendre parler de son enfance, quand il aurait fait n'importe quoi pour que son père l'accompagne à l'école. Ou alors de sa mère qui pleurait et qu'il voulait consoler, mais son père lui disait de s'en aller parce que sa mère était trop fatiguée. Et alors, tu avais envie de crier à son père qu'il était méchant, mais, dès que le mot « méchant » sortait, tu le criais à ton père, et tout s'écroulait. Car l'autre devenait à nouveau un étranger, et tu te retrouvais seule avec le linge sale qui se lave en famille. Lui aussi perdait ses charmes. Même si, pendant quelques instants, il ne t'avait pas laissée seule, à laver le linge sale de la famille.

Mais ça, c'était avant.

Avant que ne sorte ce « méchant ».

Avant.

« Ça t'arrive de t'écouter quand tu parles ? Tu ne vois pas que tu es en plein délire ? »

Un jour ou l'autre, l'homme qu'on aime nous assène ces mots. Même s'il nous aime. Parce qu'il sait bien que les autres ne sont pas prêts à écouter nos plaintes.

« Qu'est-ce que tu détestes le plus ? Les mensonges, les orages de fin août, les mensonges, les chats errants, les mensonges, l'odeur de la naphtaline, les mensonges, les cheveux blancs, les mensonges, les personnes qui ne savent pas se juger, les mensonges, la saleté et l'arrogance, les mensonges. »

Un jour ou l'autre, nous le demandons à l'homme que nous aimons. Parce que nous l'aimons. Et nous voudrions partager avec lui la liste sans fin de ce que nous ne supportons pas : se faire passer pour ce qu'on n'est pas, parler de tout et de rien, disserter, juger…

Mais la plupart des hommes n'écoutent même pas. Et c'est peut-être aussi bien comme ça. Même si je voulais leur hurler qu'ils sont en train de mourir intérieurement. Qu'ils sont déjà morts et enterrés. Qu'ils n'ont jamais vécu.

Ils traversent la vie les yeux rivés sur leur iPhone pour ne pas perdre de temps et optimiser les énergies. Ils engrangent titres et richesses. Et, à force de suivre le « bon chemin », ils ne ressentent plus rien.

La vie devient pareille à une suite de gestes utiles, car seuls les imbéciles deviennent fous d'amour. Une cohérence effrayante et glacée qui barre à jamais le chemin de l'égarement.

Et si le sens de la vie était ailleurs ?

Si c'était justement l'égarement qui nous apportait la joie ?

Plus le temps passe, plus je me sens impuissante. Et rien n'est pire que l'impuissance.

Ne rien pouvoir faire. Ne rien pouvoir dire. Ne rien pouvoir penser. Parce que, de toute façon, ça ne sert à rien.

On ne m'écoutera pas, on ne me comprendra pas, on me comprendra de travers.

Chacun a sa musique intérieure qui l'empêche d'écouter ce que disent les autres. On n'entend que ce qu'on connaît déjà. On n'écoute que ce qu'on pense aussi.

Dino Buzzati le dit très bien dans *Le Désert des Tartares* : « Drogo s'aperçut à quel point les hommes restent toujours séparés l'un de l'autre malgré l'affection qu'ils peuvent se porter ; il s'aperçut que, si quelqu'un souffre, sa douleur lui appartient en propre, nul ne peut l'en décharger si légèrement que ce soit ; il s'aperçut que, si quelqu'un souffre, autrui ne souffre pas pour cela, même si son amour est grand, et c'est cela qui fait la solitude de la vie. »

Derrière l'amour, se dissimule toujours la question de la reconnaissance.

Reconnaître l'impossibilité de dire exactement ce que l'on veut parce que les mots justes font défaut. Parfois, tous les mots font défaut. Même les mauvais.

Mais reconnaître aussi les efforts que l'on fait pour se faire entendre. Reconnaître ses besoins. Reconnaître ses fragilités.

19

Accepter la différence

« Voici la liste. Je l'accroche tout de suite à la porte d'entrée. Comme ça, il pourra la voir en sortant. »

C'est au tour de mon amie Francesca de supporter mes jérémiades. En ce moment, elle se trouve à Paris et est venue boire un café pour voir mon nouvel appartement. Des cartons pleins de livres traînent encore ici et là. Mais le reste est en ordre et cela fait des semaines que je lui ai promis de le lui montrer.

« De quelle liste tu parles ? »

Je n'ai même pas le temps de lui expliquer ce que je veux dire que je la sens déjà agacée.

« La liste de tout ce qu'il continue de ne pas faire alors que je le lui ai déjà demandé mille fois – qu'est-ce que je dis ? au moins dix mille fois.

– À savoir ? »

Elle me répond, la tête ailleurs. Elle sait où je veux en venir et n'a pas très envie de me suivre sur ce terrain.

« Poser sa tasse de café vide dans l'évier. Jeter les noyaux d'abricot à la poubelle. Mettre ses slips et chaussettes sales dans le panier de linge. Ranger les ciseaux après les avoir utilisés. Éteindre la lumière du salon avant de sortir…

– Qu'est-ce que tu es casse-pieds.

– Casse-pieds ? Parce que ça te semble normal qu'il se comporte comme un gamin ?

– Mais laisse-le vivre. Tu ne vois pas que tu l'étouffes ? Et après tu te plains de ton père.

– Qu'est-ce que mon père vient faire là-dedans ?

– Dans le fond, tu es comme lui. Obsessionnelle et intolérante. »

Peut-être a-t-elle raison. Je suis casse-pieds. Mais je ne suis pas la seule. Combien de fois ai-je entendu mes amies se plaindre de l'infantilisme de leurs maris ?

Nous sommes nombreuses à le faire, sans même nous rendre compte que, bien souvent, c'est nous qui les infantilisons, en leur reprochant de ne pas grandir, de ne pas être à la hauteur, de ne pas être capables de gérer le quotidien.

« Ça ne va pas. » « Tu l'as mal fait. » « Je t'ai déjà répété mille fois que comme ça tu abîmes le tapis, tu bloques la machine à laver, tu bouches l'évier, tu casses le joint. » Et ainsi de suite. En mettant tout en vrac dans le même panier, les courses et l'éducation des enfants, les vacances à la mer et la pension alimentaire de son ex-femme. Et puis on se rend compte qu'il en fait de moins en moins.

Comment partager le quotidien avec quelqu'un si on ne lui donne pas la possibilité de faire les choses à sa façon ? Comment vivre avec quelqu'un si on n'accepte pas son altérité ?

Au fond, en amour aussi il est question d'altérité et de tolérance.

Accepter la différence. Renoncer au contrôle. Supporter. Que l'autre soit distrait, n'écoute pas, s'en aille en claquant la porte. Avant de se découvrir différents de ce qu'on pensait être. Moins généreux. Moins attentifs. Plus égoïstes. Car ressort alors tout ce qui a été tu des années durant. Tout ce que nous avons fait semblant d'ignorer. Tout ce qui a été perdu.

L'altérité est toujours synonyme d'étrangeté, l'élément perturbateur freudien (le presque intraduisible *unheimlich*), ce quelque chose qui est « autre », pas seulement par rapport à ce que nous voudrions que l'autre soit, mais aussi par rapport à ce que nous sommes nous-même.

L'autre est là malgré tout. Toujours présent.

Prêt à nous rappeler que nous ne sommes pas exactement ce que nous pensions être. Prêt à nous répéter : « Si tu as vraiment l'impression de te connaître, crois-moi, tu te trompes ! » Sinon, comment expliquer que nous fassions souvent l'exact opposé de ce que nous avons voulu faire ?

L'autre est là malgré tout. En première ligne.

Prêt à nous contredire ou à nous donner raison. Et nous n'y pouvons rien. Car même si cela nous déplaît de l'admettre, il fait partie de nous. C'est d'ailleurs quand nous acceptons cet autre qui est en nous que nous réussissons le mieux à vivre en paix avec nous-même et que nous devenons plus tolérant, également, vis-à-vis des autres.

Et la vie cesse alors d'être une lutte quotidienne où, à force de dire « je suis », nous oublions inévitablement cet autre, ce « je » qui parfois ne veut pas ce que *je* veux…

20

Tâtonnements et erreurs

« Je t'aime. »

J'ai découvert ce message à mon réveil, sur le miroir de la salle de bains. Couleur lilas. Comme le rouge à lèvres qui traînait là un peu par hasard.

« Ce type est fou. »

Je me rends compte que je le pense très fort. On n'aime jamais une personne comme ça, du jour au lendemain. Comment peut-il prétendre m'aimer ?

Puis je m'attendris un instant. Quand me l'a-t-on dit la dernière fois ?

Avec Paul, je suis un cours accéléré de vie normale – Radio Nostalgie le matin sous la douche, le cinéma le soir même si on n'est pas samedi, les week-ends à la campagne pour ramasser des châtaignes. Sans jouer les maîtresses. Sans entrer en compétition avec des enfants déjà grands. Sans rien chercher de précis.

« Tu l'aimais ?

– Je ne sais pas. Je ne crois pas.

– Et lui ?

– Je ne sais pas. Même s'il passait son temps à me le répéter.

– Et après ?

– Après, j'ai rencontré Jacques.

– Et lui ?

– Il s'est marié et a eu un enfant.

– Alors il ne t'aimait pas.

– Quand je l'ai croisé un jour dans la rue avec son fils, il m'a dit qu'il aurait pu être le nôtre.

– Et toi ? »

En amour aussi on procède à tâtons et en se trompant. Comme dans les théories scientifiques. Sauf que, quand on se fourvoie, quelqu'un en souffre. Et la souffrance est toujours inutile. Dénuée de sens. Elle laisse dans la bouche un goût de plaisanterie amer. Si j'étais restée. Si je l'avais écouté. Si j'avais eu un enfant.

Choisit-on vraiment dans la vie ? Cette liberté dont on parle tant aujourd'hui existe-t-elle ? Ou existe-t-il plutôt un destin ? Un dessein où tout a été prévu. Alors on ne choisit rien, on ne décide rien, on suit le chemin qui a déjà été tracé. Et on passe le restant de ses jours à se demander pourquoi.

« Si j'avais un enfant, je devrais me lever tôt le matin pour l'emmener à l'école, pas vrai ? »

Intermède n° 5

Une pensée vient quand « elle » veut et non pas quand « je » veux. De sorte que c'est une falsification des faits de dire : le sujet « je » est la condition du prédicat « pense ». Cela pense : mais dire que ce « cela » soit d'emblée ce bon vieux « je », c'est là, pour le dire en termes indulgents, une simple supposition, une simple affirmation, en aucune façon une « certitude immédiate ».

Friedrich Nietzsche, *Par-delà le bien et le mal*

Qui parle quand « je » dis « je t'aime » ? Qui aime qui ? Qui dit « je » ?

Inutile de tergiverser. Si on n'aborde pas la question de la subjectivité, mieux vaut abandonner. Il n'y a pas d'amour sans un « je » qui demande, supplie, prie, interroge, invective. Tout comme il n'y a pas d'amour sans un « je » qui répond, même quand les réponses n'ont rien à voir avec les questions et que le « je » balbutie à la recherche d'une vérité qui n'existe pas.

Par ailleurs, à quoi servirait-il d'aimer si on ne cherchait pas aussi la vérité, celle qui parfois s'effrite et disparaît, celle qui nous tient en vie, celle après laquelle on court toujours, celle qui fait parfois surface ?

Tout serait plus simple si Descartes avait eu raison et si le sujet du « je pense » était aussi le « je » qui doute, rêve, se fâche, espère, aime.

Mais, dans la vie, les choses sont plus compliquées que le *cogito* cartésien. Et même quand nous sommes convaincus que le « je » qui se fâche, hurle, pleure ou aime est le « je » qui pense, la réalité s'empresse de nous contredire.

Le grand Descartes a eu tort. « Je » ne suis jamais là où je pense. « Je » ne pourrai jamais avoir la certitude de mon existence juste parce que je doute. Au contraire. « Je » suis surtout là où je ne pense pas.

« Je » suis dans les balbutiements d'un discours qui s'emmêle et s'enroule, héritier d'une histoire qui me traverse et dont l'origine restera à jamais un mystère. Cet inconscient de la psychanalyse qui aujourd'hui n'est plus vraiment à la mode, et qui nous détermine malgré tout.

Ce n'est qu'en creusant au plus profond que l'on se rapproche de la vérité du « je ». De ce magma qui nous secoue sans raison apparente et qui a pourtant toujours raison. Parce que c'est lui qui parle au milieu du magma qui nous fait face. C'est lui qui reconnaît les traces d'un désir qui se cherche.

Où suis-je, dès lors, quand j'aime? Puis-je être certaine, quand j'aime, que c'est vraiment moi qui aime? Qui s'agite ou se désespère quand l'autre ne m'écoute pas ou s'en va?

Le problème de chacun d'entre nous n'est pas seulement de savoir qui nous sommes, mais aussi – et peut-être surtout – de savoir où nous allons. Savoir si nous nous approchons ou si nous nous éloignons de quelque chose. Savoir quel chemin nous empruntons, une fois sortis de l'enfance.

Le «je» cherche à trouver sa place dans le monde. La plupart du temps, il récite des rôles qu'il n'a pas choisis, du moins consciemment. Il choisit parfois de ne pas se plier aux attentes des autres et se rebelle. D'autres fois, à force de persévérer comme il le fait dans la tromperie, il s'épuise, puis tombe bien vite au fond de l'abîme de l'inconnu, sans aucun repère, perdu dans sa quête du sens.

«Je» occupe une position instable : il est ce qui se cristallise autour d'un noyau et, en même temps, ce qui change continuellement. Il erre. Il se développe dans des directions toujours différentes.

C'est l'informe qui l'habite. Et qui le pousse sans cesse à revendiquer la possibilité de devenir l'acteur principal de la pièce de théâtre dans laquelle il joue.

C'est dans ces moments-là qu'émergent des traces de soi, tel un cri étouffé. Mais encore... Comment pouvons-nous y prêter foi ?

Il arrive que nous n'aimions qu'une image idéale de nous-même. Cette image particulière que l'autre nous renvoie et qui nous flatte, même lorsque nous savons pertinemment que nous sommes « autre ». Cette image que nous courtisons de loin, même lorsque nous savons qu'il ne s'agit que d'un fragment de ce que nous sommes.

Il arrive aussi que nous aimions la possibilité que l'autre semble nous offrir d'être « autre » par rapport aux rôles que nous jouons : ses gestes nous suggèrent qu'il existe une échappatoire au « devoir être » étouffant qui nous a permis de grandir et d'aller de l'avant, mais qui, après de longues années de routine, finit par être trop étroit, pareil à un vieux vêtement qui ne nous va plus.

D'autres fois, nous ne savons même pas nous-même ce que nous aimons. Et nous restons alors bouche bée, mus par quelque chose qui s'agite en nous et que nous ne savons pas nommer.

« Je t'aime. »

Mais « qui » aime « qui » ? Lequel de ces nombreux « je » que nous avons en nous aime ce « tu » que nous disons aimer et que nous attribuons, peut-être à tort, à la personne que nous aimons ?

Seul celui qui veut croire qu'il est toujours identique à lui-même – sans failles et sans contradictions – peut ne pas s'interroger sur son amour.

Comme ceux qui s'aiment tout seuls et qui aiment seulement ceux qui les aiment en retour. Sans douter de ce qu'ils ressentent. Ou alors en faisant semblant de le savoir, se contentant des bonnes manières et des phrases toutes faites.

Sur quelles bases peut-on dès lors fonder l'amour ? Si chacun de nous passe son temps à dire « autre chose » que ce qu'il dit et à contredire dans les faits ce qu'il clame, pourra-t-on jamais se fier à celui qui dit nous aimer ? Qui aime qui ?

Il n'y a aucune cohérence dans la vie. La seule chose que l'on puisse faire – quand on renonce aux mensonges et à la fausseté –, c'est transiger avec ses défauts et ses contradictions. Et ne jamais renoncer – mais vraiment jamais – à écouter celui qui est à nos côtés, après s'être écouté.

Écouter et s'écouter. Car ce n'est qu'en écoutant le bruit qui gronde en nous que l'on peut ensuite être prêt à accueillir la parole de l'autre.

« Mais qui pleure si proche de moi-même au moment de pleurer ? » écrit Paul Valéry dans *La Jeune Parque*, prêtant sa voix à l'amour. Ce balbutiement infantile et agrammatical. Parce que celui qui aime est toujours à côté de moi au moment où j'aime. Même si « je » ne suis pas où je pense.

Mais peut-être est-ce justement la raison pour laquelle « j'aime » tandis que j'aime, en oubliant au moins quelques instants de penser à l'amour.

21

J'aime avec *toi*

« Les choses de l'amour ». « L'art d'aimer ». « Tomber amoureux ». « La culture de l'amour ». D'où parles-tu ? C'est ce que demandaient les trotskistes dans les années soixante-dix pour empêcher ceux qui ne faisaient pas partie du système de s'exprimer. D'où parles-tu ? Encore aujourd'hui, on se pose la question. Trop peu. Vu que c'est seulement quand on explique d'où on parle que l'on peut ensuite s'impliquer jusqu'au bout dans ce que l'on dit.

Expliquer d'où l'on parle revient à reconnaître que, quand on parle ou qu'on écrit, on ne peut pas faire autrement. Parce qu'il y a l'urgence de dire. Parfois de hurler. Et la parole acquiert alors un sens nouveau, ce n'est plus un simple signifiant sans signifié, c'est une façon de faire entendre ce que l'on désire vraiment.

« Amour ». Un mot qui exprime à la fois un sentiment et une relation. « Je t'aime toi. » Parce que tu es l'objet de mon amour. Mais tu es aussi celui qui rend l'amour possible. Parce que tu n'es pas une simple chose. Si tu n'étais qu'un objet qui m'appartient, l'amour ne serait plus de l'amour, mais de la propriété. Si tu n'étais qu'une chose, tout disparaîtrait dans le néant de la possession.

« J'aime *avec* toi. » Parce que, derrière la relation entre un « je » et un « tu », se trouve toujours l'envie de traverser le monde et de construire quelque chose. De laisser une trace de ce qui a existé. De donner un sens au passage des jours.

« Et si je ne veux plus rester avec toi ? Si je n'arrive plus à aimer *avec* toi ? »

Les relations que nous vivons sont le plus souvent banales. D'une extrême banalité. Non pas que l'amour soit banal. Il ne l'est aucunement. Mais, dans bien des relations, d'amour il n'y a que très peu.

Ce n'est pas de l'amour, cette curiosité qui naît soudain. Ce n'est pas de l'amour, cette sensation de vide qui m'étreint lorsqu'il ne répond pas à mes messages.

On pense que c'est de l'amour. On l'appelle ainsi. On s'en convainc, même. Mais, bien souvent, ce n'est qu'une passion passagère.

Même quand on souffre beaucoup. Surtout quand on souffre beaucoup, d'ailleurs.

L'amour commence toujours après. Quand l'affection succède à la passion. Et que l'on commence à faire confiance. Et que l'on peut « aimer *avec* l'autre ».

On a beau tourner le problème dans tous les sens, on ne peut jamais séparer entièrement l'amour et la confiance. Ce mince fil qui nous unit à l'autre et que l'on ne peut ni exiger ni décréter, car on ne sait jamais comment une personne se comportera si on s'en remet à elle : sera-t-elle digne de confiance ou nous trahira-t-elle, pourrons-nous compter sur elle ou disparaîtra-t-elle dès que nous chercherons son soutien ?

Ce mince fil qui est pourtant fondamental. Parce que, si on ne peut même pas se fier à celui qui dit nous aimer, comment, dès lors, peut-on survivre aux accidents de la vie, aux batailles perdues et aux rêves brisés, à la misère du quotidien ?

L'amour et la confiance vont de pair. Quand on aime *avec* l'autre et qu'on ne trahit pas cette promesse d'être là et d'écouter, même quand il serait plus facile de se boucher les oreilles et de ne pas se laisser envahir par ses peurs, parce que nous en avons déjà tellement, et qu'il n'y a pas de place pour les siennes...

Un amour qui occupe tout. Parce qu'on pense et qu'on ressent *avec* l'autre. Même quand on est différents, d'avis divergents, qu'on agirait autrement.

Et on découvre malgré nous que la vie est un va-et-vient permanent entre le *je* qui parle et le *tu* qui écoute.

Pour parcourir la distance qui nous sépare de nous-même.

On dit que l'amour est aveugle. Mais au fond ce n'est pas vrai. Car c'est seulement quand on aime – quand on aime *avec* l'autre – qu'on réussit à voir et à toucher la profondeur de notre être. Cet être qui nous échappe depuis tant d'années. Trop concentrés que nous sommes à paraître. Trop préoccupés par ce que les gens pourraient penser de nous.

L'amour ne connaît pas de trêve. Il est exigeant.

Et un instant suffit pour que nous reste entre les mains la coquille vide de tout ce que nous avons perdu.

22

Il faut que j'arrête de me plaindre

À côté de moi, il y a un homme bon. Qui m'aime comme je suis. Même si je ne suis que moi. Moi, tout simplement. Pleine d'angoisses et de problèmes. Trop d'idées me passent par la tête. Un fil électrique par lequel le courant circule à grande vitesse.

« Il faut que j'arrête de me plaindre. Il faut que j'arrête de me plaindre. Il faut que j'arrête. Un point c'est tout ! »

Je me le répète tous les jours. Ou presque.

Le matin dès que je me lève, déjà de mauvaise humeur parce que le gamin du dessus hurle, parce que Jacques est parti sans refaire le lit, parce qu'il pleut. Et si ce n'est pas le matin, alors, c'est le soir. Parce que les étudiants font le bazar. Parce que l'imprimante a un bourrage papier.

« Il faut que j'arrête de me plaindre. Il faut que j'arrête de me plaindre. »

Cette fois, j'arrête pour de bon. Sinon, ça va devenir une habitude et Jacques va finir par craquer. Cela fait déjà un moment qu'il me dit que je n'arrête pas de « pleurnicher ».

« Pleurnicher. Quel mot à la con ! »

Pourtant, il se peut qu'il ait raison. Cette fois j'arrête. Je ne me plains plus, promis juré.

J'essaie de voir le verre à moitié plein, comme le prônait mon père, même s'il était le premier à ne pas le faire.

Je fais comme tout le monde.

Je sors, je rentre à la maison, j'écris, je lis, je vais sur Twitter, je regarde la télévision, je range mes papiers, je passe l'aspirateur, je prépare mes cours, je fume une cigarette, je repasse, je sors, je rentre à la maison, j'écris, je lis, je vais sur Twitter, je regarde la télévision, je range mes papiers, je passe l'aspirateur, je prépare mes cours, je fume une cigarette, je repasse.

Comme tous les autres qui, à force de courir, n'ont même pas le temps de se demander comment ils vont.

Peut-être est-ce seulement une question de temps. À la différence des autres, je dois en avoir trop pour penser. Ou trop peu pour m'apaiser. C'est une question de point de vue.

L'homme que j'aime est un roc glissant. Surtout lorsque mes larmes pleuvent et qu'il n'arrive plus à comprendre pourquoi, vu que, somme toute, tout va bien. L'université. Les livres. Les conférences.

Que se passerait-il si je devais me lever à l'aube tous les jours pour aller à l'usine ou au bureau, avec un directeur des ressources humaines qui ne me lâcherait pas ? Que se passerait-il si je n'avais pas de travail, si je vivais dans la précarité depuis des années, si j'étais une exilée, si je n'avais pas de quoi finir le mois, ni assez d'argent pour acheter les couches de mon bébé, faire les courses, payer mes impôts, partir en vacances ?

« Il faut que j'arrête de me plaindre. Il faut que j'arrête de me plaindre. »

Mais comment faire ? Pourquoi ne comprend-il pas que, parfois, le passé me rattrape, et que tout s'embrouille à nouveau ?

23

Et puis on tombe...

J'ai connu beaucoup d'hommes dans ma vie. Mais lesquels ai-je vraiment aimés ? Avec lesquels me suis-je contentée de faire semblant ?

Je me concentre, j'essaie de mettre un peu d'ordre. D'un côté, les aventures. De l'autre, les vraies histoires d'amour. D'un côté, les hommes qui m'ont abandonnée. De l'autre, ceux que j'ai trompés.

« Qu'est-ce que tu entends par "trompés" ? » me demande Francesca, qui a les trahisons en horreur. Pour elle, on ne trompe jamais.

« Que je ne les aimais pas vraiment. Et que je faisais tout pour qu'ils s'en aillent.

– Et après ? »

Et après, il y a tout ce qu'on ne peut pas raconter.

Parce que ça ne nous concerne pas. Enfin si, car nous l'avons vécu. Mais ça concerne aussi d'autres que nous. Qui n'ont peut-être pas envie d'apparaître dans un livre. Parce que leur vie ne regarde personne d'autre qu'eux-mêmes. Et qu'ils ont parfaitement le droit de se protéger et de se cacher. Même s'ils ont vécu un bout de temps avec nous, en se persuadant qu'il suffisait de claquer la porte pour que la vie recommence comme avant.

Mais au fond cela n'a guère d'importance. Il n'est pas besoin de toujours tout raconter. Surtout quand on tombe.

Même si les cicatrices sont visibles, car on n'efface jamais rien dans la vie et tout laisse des empreintes indélébiles. On tombe et on se relève.

« Et si, entre-temps, je me suis brisée en mille morceaux ?

– Tant pis pour toi. Il fallait y penser avant. Tu pouvais faire plus attention. »

Les conversations que je tiens avec moi-même sont les pires. En dépit des nombreux efforts que j'ai faits pour m'adoucir, je suis restée trop sévère envers moi-même. C'est peut-être pour cela que je donne parfois l'impression d'être rigide, presque glaciale. Alors que, en réalité, un rien suffit pour que je m'émeuve et pardonne n'importe quoi. Mais, avec moi, c'est différent. Je n'arrive toujours pas à me pardonner vraiment.

« Qu'est-ce que tu veux dire par "faire plus attention" ?

– Que c'était évident. Qu'une fois de plus tu étais en train de te faire des illusions. Plus même que les fois précédentes. Car on ne peut quand même pas tout envoyer balader seulement parce que, dans une relation, arrive un moment d'ennui, on n'accepte pas le quotidien et on essaie alors de tout recommencer pour ensuite s'apercevoir qu'on gâche la seule chose qui compte à nos yeux.

– Je cherche à fuir quoi, au juste ? Quelle trahison est-ce que je continue de mettre en scène ? Qu'est-ce qui me pousse à faire aux personnes que j'aime le plus ce que je ne supporte pas qu'on me fasse ? »

Mais cette fois j'arrête. Des erreurs, dans la vie, on en fait tous par dizaines. Même Jacques m'a pardonné. Et je suis désormais libre.

Libre d'être moi-même à n'importe quel moment de la journée. Libre d'être heureuse ou triste. Libre, aussi, de ne pas lui demander pardon pour ce que j'ai dit ou fait. De toute façon, il me pardonne toujours.

« Même si tu le trompes ? »

Cette fois, Francesca cherche seulement à comprendre. Quelque chose lui échappe dans ma relation avec Jacques. Elle ne sait plus qui est la victime et qui est le coupable. Pour elle, il n'y a pas de demi-mesures : soit on domine, soit on est dominé. Il doit forcément y en avoir un qui persécute et un qui subit. Mais tout est plus difficile que prévu et la réalité ne fait de cadeaux à personne, car, dans la vie, souvent, nous sommes à la fois victime et bourreau, surtout quand on vit ensemble depuis un moment.

« Je ne l'ai jamais trahi. Mais je suis sûre qu'on ne pense pas à la même chose quand on emploie le mot "trahir". Pour moi, ça veut dire cesser de prendre soin de la personne qu'on aime. La laisser seule au moment où elle a le plus besoin de nous. Lui faire croire que rien n'a changé alors que rien n'est plus comme avant.

– Et en aimer une autre ?

– On aime toujours plein de personnes. Sinon, cela voudrait dire qu'on est mort intérieurement. Et puis, quand on aime, on aime pour toujours. Si j'ai aimé quelqu'un, je ne peux pas cesser de l'aimer. Même si l'amour se transforme.

– D'accord, mais si tu tombes amoureuse de quelqu'un d'autre ?

– Ça peut toujours arriver. Ce qui compte, c'est de choisir. Et moi, j'ai déjà fait mon choix. »

24

Vingt minutes en tout et pour tout

Nous nous sommes mariés à la mairie du VIe arrondissement de Paris. Vingt minutes en tout et pour tout. Une simple formalité. Bien que j'aie refusé d'en entendre parler pendant des années.

Après mon divorce – ou plutôt l'annulation de mon premier mariage, car bien sûr, avec moi, rien n'est jamais simple, mais je préfère dire divorce car ici, en France, l'annulation est un acte religieux et ne peut être prononcée qu'après un divorce civil, ce qui est somme toute plus logique, car comment annuler quelque chose qui a eu lieu ? Quel sens cela a-t-il d'annuler un mariage ? Comment peut-on faire mine de rien ? Comment appelle-t-on son ex-mari si on décide après coup que le mariage n'a pas eu lieu ? –, je m'étais bien juré de ne plus jamais me marier. Le seul fait d'en parler m'agaçait. De toute façon, quand on se marie, c'est ensuite pour se quitter, et je n'avais aucune envie que Jacques me quitte.

Mais, comme il arrive souvent – comme il m'arrive toujours, je le sais désormais, c'est une marque de fabrique –, quand on dit qu'on ne fera « jamais » quelque chose, on finit par le faire. Et je l'ai fait. Vive l'incohérence – autre marque de fabrique qui me caractérise, et, en effet, Jacques répète en permanence que je suis l'incarnation du « Faites ce que je dis et ne faites pas ce que je fais » !

Revenons-en toutefois au mariage.

Comme je le disais, ç'a été une simple formalité.

Vingt minutes devant M. le maire du VIe arrondissement de Paris, qui jetait de temps à autre un coup d'œil à sa montre car son chauffeur l'attendait déjà pour le conduire à l'inauguration de la crèche du quartier.

Vingt minutes durant lesquelles ont défilé devant mes yeux les hommes que j'avais aimés et perdus et retrouvés et abandonnés et trompés. Les hommes qui voulaient m'épouser et avoir un enfant de moi. Tous les « non » susurrés avec angoisse, car cela n'arrive pas à toutes les femmes d'être demandées en mariage. Et comment raconter que j'ai refusé, comment l'avouer à celles qui se plaignent d'être éternellement la maîtresse et qui me disent que je ne peux pas comprendre ce que cela signifie de passer chaque Noël et chaque fête de Pâques toute seule, pendue au téléphone dans l'espoir qu'arrive un sms ?

Vingt minutes durant lesquelles j'ai regardé la jupe que j'avais mise – qu'est-ce qu'on est mal à l'aise en jupe, pourquoi est-ce que je n'avais pas gardé mon jean ? – en me disant qu'une robe blanche aurait été plus belle, une robe avec un voile long de dix mètres et cousu à la main pour l'occasion, comme celui de ma mère, pour ensuite partir en lune de miel.

« Tu crois que ça nous portera malheur de nous marier comme ça, sans amis ni familles, quatre personnes en tout et pour tout, les mariés et leurs deux témoins ?

– Et revoilà la pensée magique ! »

Vingt longues minutes, que j'ai passées les yeux rivés sur la tache de café sur ma veste – j'aurais quand même pu faire attention, au moins aujourd'hui !

Vingt minutes dominées par la peur – et si tout finissait ? Et si c'était le début de la fin ? Et si je rencontrais quelqu'un d'autre ?

Nous nous sommes mariés sans l'annoncer. Certes, il a bien fallu le dire à quelques personnes.

Notamment parce qu'on a dû changer la date à la dernière minute. Le jour que nous avions choisi était celui de l'élection du président de la République. Et je ne pouvais quand même pas m'absenter du Parlement ce jour-là.

Mais je n'ai pas prévenu mes amis. Pas même mon meilleur ami. Peut-être parce que ça ne changeait rien pour moi. Ou alors ça changeait tellement tout que je n'arrivais pas à l'accepter. Et alors mieux valait ne rien dire.

Nous nous sommes mariés sans l'annoncer. Parce que, au fond, l'amour n'a pas grand-chose à voir avec le mariage. Même si, aujourd'hui, je suis heureuse, moi aussi, de pouvoir dire « mon mari » quand je parle de Jacques.

Rien n'a changé depuis. Ou presque rien. Même si le fait d'appeler Jacques « mon mari » me rassure. Ce « mon » me plaît beaucoup. Mais seul notre amour est à moi. Et ça, ça n'a pas grand-chose à voir avec le mariage. Ou presque rien.

Intermède n° 6

La confiance n'est pas une illusion vide de sens. À long terme, c'est la seule chose qui puisse nous assurer que notre monde privé n'est pas aussi un enfer.

Hannah Arendt, *Correspondance 1933-1963*

La confiance est toujours un pari. On fait confiance quand on croit en une personne, même s'il n'existe aucune preuve tangible qu'elle soit digne de confiance.

On fait confiance, et on s'abandonne. On fait confiance, et on espère. On fait confiance, et on court le risque d'être trahi.

On fait confiance, et c'est tout.

Mais comment faire confiance à quelqu'un qui finira par nous trahir, car ainsi va la vie, c'est humain, c'est normal, on trahit, on se trahit, on se repent, on fait marche arrière, on trahit à nouveau? Comment faire confiance quand le désir change, évolue, se consume et meurt ? Comment confier son cœur à quelqu'un qui ne peut rien nous promettre, car il serait absurde pour quiconque de promettre de ne plus tomber amoureux ?

On dit qu'il existe un « pouvoir subversif » de la confiance et que c'est elle, bien qu'au départ insensée, qui justifie la fidélité et la rend raisonnable après coup. On dit que c'est parce que je m'abandonne à l'autre, qu'il sera motivé à ne pas trahir ma confiance et à s'en montrer digne. Comme la confiance que le prince Mychkine place en Nastassia, dans *L'Idiot* de Dostoïevski, et qui permet à la jeune femme de redécouvrir sa véritable nature : « De toute ma vie, il est la première personne en qui j'ai cru comme en quelqu'un qui m'est entièrement dévoué, dira Nastassia. Il a cru en moi dès son premier regard, et moi j'ai foi en lui. »

Pourtant, c'est justement parce que j'ai confiance en quelqu'un que je peux être trahi et déçu par lui. C'est parce que je m'abandonne à sa bienveillance qu'il peut profiter de ma vulnérabilité et me blesser.

On dit que celui qui n'arrive pas à faire confiance ou à aimer n'y parvient pas parce qu'il n'arrive même pas à croire. Car même la foi est une forme d'abandon. On s'en remet au bon vouloir de Celui qui, du haut des cieux, nous observe, parfois avec pitié, souvent avec l'amour de celui qui connaît nos limites.

Qu'il s'agisse de la foi ou de l'amour, il est toujours question d'abandon confiant dans les bras de quelqu'un. Ce même abandon dont nous avons fait l'expérience – ou peut-être pas – quand nous étions petits et que nous avons appris – ou peut-être pas – à rester seuls sans en mourir.

Ce même abandon qui nous a submergés quand nous avions peur, et nous avons alors commis un tas d'erreurs et nous avons eu encore plus peur et nous nous sommes affaissés sous le poids des erreurs. Parce que nous ne connaissons pas le pardon. Parce que nous ne savons pas pardonner.

Mais qui sait vraiment pardonner ? Même Jésus, quand il était sur la Croix, a dû demander au Père d'accorder Son pardon à ses bourreaux. Pas même Lui n'a été capable de pardonner...

Confiance et trahison sont, chacune à sa façon, des manifestations d'humanité. Il n'y a pas d'amour qui ne connaisse des doutes et des incompréhensions. Espérer pouvoir vivre et aimer sans jamais être blessé ou trahi, c'est ne pas comprendre que la rencontre avec l'autre se fonde aussi sur le non-dit et le secret. Croire que nous pouvons compter sur l'autre à chaque instant, c'est fausser le jeu d'une relation. Comme l'écrit le psychanalyste Daniel Sibony : « Si l'autre est totalement fiable, c'est vous qui n'existez plus, ou alors c'est lui qui triche en faisant croire qu'il est encore vivant alors qu'en lui quelque chose s'est figé. »

Mais il faut avoir aimé, et avoir été trahi, et avoir appris à composer avec ses failles pour comprendre que la trahison la plus grande consiste à obéir et à s'adapter, et à exiger par la suite que l'autre nous obéisse et s'adapte à nous.

Juste avant de découvrir que la seule chose à laquelle il vaille la peine d'être fidèle est l'amour.

Même si l'autre ne sera jamais « mien ». Et que moi aussi je lui « échapperai » éternellement.

25

Avant, je ne supportais pas les contradictions

Avant, je voulais « tout ». Tout le bien. Tout l'amour. Toute la joie. Je sais désormais que c'est impossible. Que personne n'a « tout ». Et que c'est peut-être mieux ainsi. Car si on avait « tout », on ne désirerait plus rien.

Et puis dans le « tout », il y a aussi l'abîme de la douleur et de la méchanceté.

Avant, je ne supportais pas les contradictions. « Tout » devait être cohérent. Même si je perdais ensuite en chemin des pans entiers de mon existence. Je ne comprenais pas qu'on puisse à la fois aimer et haïr. Vouloir une chose et la refuser. L'ambiguïté et les nuances.

Je concevais le monde de façon binaire : le bien et le mal, le vrai et le faux. Et je ne songeais même pas au fait que penser signifiait accepter le conflit et trébucher, perdre le fil et parfois même balbutier.

Aujourd'hui, je vis tout de façon ambivalente. Moi-même, je suis une contradiction. Pétrie de douceur et d'intolérance.

Et il m'arrive de passer des larmes au rire en l'espace de quelques minutes. Même si Jacques me regarde avec perplexité, sans comprendre comment une chose peut à la fois m'attendrir et me mettre en colère.

C'est comme ça. Je n'y peux rien. C'est plus fort que moi.

D'autant plus que depuis que j'ai arrêté de « tout » vouloir, le « tout » réapparaît. Et bien souvent, ce n'est qu'une question d'organisation. On ne peut pas tout avoir et tout de suite. Mais on peut avoir petit à petit beaucoup de choses. En renonçant à ce qui, dans le « tout », ne trouve pas de place. Tout, sauf. Tout, à part.

Un tout façonné par mes soins, mais qui me suffit et avance. Presque toujours, du moins.

Sauf quand…

Un des nombreux paradoxes de la vie. Elle aussi pleine de contradictions. Selon la façon dont on la regarde et la personne qui est à nos côtés. De ses paroles et de ses silences.

Qui pourrait d'ailleurs être assez fou pour imaginer savoir exactement ce qu'il veut ? Qui pourrait croire – sans se mentir – connaître toute la vérité sur son désir ?

La vie a besoin de vérité. Quand on est prisonnier des mensonges, on étouffe et on meurt. Mais la vérité, tout comme l'amour, n'est jamais absolue. Ils ont en commun l'attente et la surprise. La recherche et l'acceptation. Car ce n'est que très lentement qu'on comprend tout ce que l'amour fait ressortir de son histoire. Ce qu'on a perdu et réclamé, cherché et oublié. Quand on était trop petit pour déceler les mensonges qui nous entouraient.

Certes, on n'est jamais complètement vrais. Et parfois, trop dire peut aussi faire mal. Surtout à nous-même. Quand on découvre des parcelles de vérité qui dérangent et que l'on prend conscience que non seulement nous ne sommes pas comme les autres voudraient que nous soyons, mais que nous ne sommes même pas comme nous voudrions être.

Mais comment faire, sans vérité, pour clarifier ce que nous ressentons au fond de nous ?

Comment donner un sens à ce qui, en principe, n'en a pas ?

Never explain, never complain, disent les Anglo-Saxons. De toute façon, cela ne sert à rien. Mais comment ne pas demander d'explications et ne pas en donner, comment ne pas se plaindre et ne pas écouter les griefs des autres ?

On se lève, on va au travail, on rentre chez soi, on s'occupe des enfants, on fait les courses, on dort. Et on recommence tout depuis le début.

Métro, boulot, dodo, disent les Français. Qui se bourrent de psychotropes car ils ne savent bientôt plus pourquoi ils dorment, prennent le métro et vont travailler. Et quand on ne comprend plus le sens des choses, ce n'est plus la peine de les accomplir. On ne fait que se traîner. En reprochant aux contes de fées de notre enfance de nous avoir embobinés. En nous plaignant.

Car les mots nous aident au moins à retrouver le fil perdu. Même quand ils semblent inutiles. Même quand on se prend dedans.

26

Jamais assez

Assez. Adverbe de quantité de la même classe que *beaucoup*, *peu*, *trop*, *tellement*, *moins*, *rien*. Invariable. Il modifie le sens du verbe exprimant la mesure d'une action.

Mais peut-on vraiment mesurer toutes les actions ? Quel est le rapport entre aimer et agir ?

Une fois compris l'emploi de l'adverbe, cochez la phrase qui vous semble inappropriée :

- ☐ J'ai assez mangé.
- ☐ J'ai assez dormi.
- ☐ J'ai assez travaillé.
- ☐ J'ai assez aimé.

Tout le monde se souvient des tests pour mesurer l'intelligence – ou plutôt, non pas l'intelligence mais le quotient intellectuel, ce qui n'est pas tout à fait pareil, car l'intelligence est aussi faite d'empathie et de compassion et ne se limite pas à la capacité à évaluer et à calculer. Ces fameux tests de mesure du QI, donc. Cette batterie de questions la plupart du temps incompréhensibles – comme l'histoire d'Ugo et des chips, par exemple. Si Ugo a un sachet de chips avec un quart de chips de plus que Mario et si le sachet de Mario a trois chips de moins que celui d'Ugo, combien de chips y a-t-il dans le sachet d'Ugo ? À ce qu'il paraît, la bonne réponse est douze. Mais aujourd'hui encore, j'ai la tête qui tourne rien que d'y repenser. Au lieu de me concentrer et de faire des calculs, je me laisse distraire et pense aux chamailleries entre mon frère et moi pour savoir qui prendrait le sachet le plus gros ou à l'interdiction qui nous était faite d'en manger trop aux fêtes d'anniversaire. Et le sachet est bientôt vide. Il n'y reste même pas une chips...

Quel rapport cette histoire entretient-elle avec le fait d'« aimer assez » ? Justement rien. Parce que l'amour et la logique ne font pas bon ménage. Et chaque fois que l'on essaie de mettre un peu d'ordre dans l'amour, tout devient encore plus confus.

Afin de comprendre qu'« aimer » et « assez » sont en lutte perpétuelle, il ne sert à rien d'avoir un QI élevé. Il suffit d'aimer pour le comprendre.

L'amour n'est jamais assez.

Surtout quand on a peur. Soit presque toujours. À moins de se détourner et de poser le regard sur une voiture qui passe, un enfant qui joue au ballon, une orchidée blanche.

L'amour n'est jamais assez.

Mais il faut parfois s'en contenter. Non pas « parce que n'importe quelle sorte d'attention vaut mieux que pas d'attention du tout », comme le dit l'écrivain américain Augusten Burroughs. Bien souvent, une « attention quelconque » ne vaut rien. Au contraire. Elle avilit.

Non pas que l'amour soit « assez ». Au contraire. Il nous en faudrait toujours plus.

Simplement parce que la personne qui nous aime rend cet « assez » suffisant. C'est avec elle que l'on se sent « assez » à l'abri. C'est avec elle que l'on se sent « assez » libre d'être soi-même. C'est grâce à elle que nous sommes « assez » sûr de compter, d'être précieux et unique.

L'amour, il n'y en a jamais assez.

Mais c'est déjà « assez » qu'il écoute cette musique qui est en moi, cette berceuse désormais couverte par le fracas des voix.

L'amour, il n'y en a jamais assez.

Mais c'est déjà « assez » qu'il soit à mes côtés sans pourquoi et sans rien d'autre, même quand la peur fait son apparition et que je me raidis pour ne pas voler en éclats.

27

Si le cœur se brise

Quelques mots suffisent pour tout remettre en question : « Je ne t'aime plus. »

Quand on les entend, le cœur se brise. Car ce n'est pas un simple « Je ne t'aime pas ». Mais un « Je ne t'aime plus ». Et c'est ce « plus » qui réduit tout en cendres. La certitude d'exister. Se réveiller le matin et respirer. Sourire à nouveau.

Surtout si l'on est déjà brisé et que l'on croit qu'il ne nous restera plus rien s'il s'en va.

« Mais tu en sais quelque chose de l'amour ?

– Seulement qu'il est imparfait. Même quand il recouvre tout. Pareil à une couverture de laine pleine de trous.

– Et donc ?

– Donc quand il m'a dit qu'il ne m'aimait plus, le monde s'est écroulé. »

Il m'a fallu de longues années avant de comprendre que ce « plus » n'avait aucun sens. Car qui n'aime *plus* n'a peut-être *jamais* aimé.

L'amour dure *à tout jamais.*

Mais que signifie *à tout jamais* ? Quand est-ce que c'est *à tout jamais* ?

Il n'y a pas de différence entre l'amour et l'éternité. Ou on aime, et c'est donc à tout jamais, ou on n'aime pas, et c'est donc à tort que l'on nomme ce sentiment amour. C'est juste quelque chose qui s'achève.

La passion, l'envie, le désir, la tendresse, la joie, l'espérance. Tout a une fin. Tout. Inexorablement.

Tout sauf l'amour. Qui nous accompagne tout au long de notre vie. Même s'il n'est plus là. Même si elle nous quitte. Même s'il meurt.

Que faire alors de tous les gestes quotidiens qui se sont collés à notre corps et qui nous manquent soudain ? Sa façon de tenir son stylo, de marcher voûté, de manger une orange.

La contingence semble tout.

« *Que l'amour est tout ce qui est, est tout ce que nous savons de l'amour* », écrit Emily Dickinson. Voilà pourquoi, à la différence des passions qui vont et viennent, l'amour est éternel. Même s'il change et se transforme. Comme une cicatrice qui nous marque le corps et ne s'estompe plus, bien qu'on cherche à la cacher ou à l'effacer. Comme l'amour d'une mère pour son fils. Comme l'amour d'une fille pour son père.

« Et si une histoire d'amour se termine ? Si l'autre s'en va ? Si un enfant laisse ses parents mourir tout seuls ? »

Jacques m'interrompt. Une fois de plus, il n'est pas du tout d'accord avec moi.

« Je ne dis pas que tous les enfants aiment leurs parents. Ni que toutes les histoires sont des histoires d'amour. Je dis seulement que, quand l'amour existe, il existe à tout jamais.

– Et si elle meurt ? Et s'il l'abandonne ?

– Il n'existe pas de souffrance plus grande que ce vide qui s'ouvre soudain. Car le vide, tout comme l'amour, dure à tout jamais. Voilà pourquoi il est si difficile de se laisser aller en sa présence. De se rendre vulnérables. De renoncer à tout contrôler. »

Quand on parle d'amour, le problème est toujours le même : la confusion. Il est tellement difficile de sortir du labyrinthe des passions et des sentiments qu'on finit par ne plus rien y comprendre. Et on risque alors de tout perdre à cause d'une tocade. Tandis que la personne que nous aimons vraiment s'en va.

L'amour n'a que faire du scintillement de l'apparence. De ce qui passe et se consume. De la visibilité et du pouvoir. De la beauté et de l'argent.

L'amour ne voit que l'essentiel. Ces mots et ces gestes qui nous tiendront compagnie la nuit, même quand nous ferons semblant de les avoir effacés, tel l'écho de ce qui nous réchauffe.

Si on aime une personne, on ne cesse jamais de l'aimer. Même si elle nous abandonne, nous fait souffrir et nous persécute. À la rigueur, on peut la quitter. Et il faut parfois le faire pour se protéger. Mais l'amour dure. À tout jamais.

Comme l'amour que j'ai pour mon père, qui reste immense même si je sais désormais que la distance est nécessaire si je ne veux pas me perdre ou tomber malade.

Papa est granitique. Même la vieillesse n'a pas réussi à l'attendrir. Et moi, je continue de voler en éclats quand je me heurte à lui. Lui qui continue de confondre amour et contrôle. Lui qui ne tolère aucune objection. Lui qui veut décider pour tout le monde, qui n'admet jamais qu'il s'est trompé.

Lui que j'aime tant, peut-être trop.

Je ne peux pas cesser d'aimer mon père. Bien qu'aujourd'hui encore il me fasse souffrir et me tourmente et m'abandonne.

Je peux seulement me tenir à distance.

Et l'aimer de loin. Peut-être trop…

28

Il n'y a rien à comprendre

« L'amour s'en va. L'amour revient. Comme la vie. Pourquoi ne veux-tu pas l'admettre ? L'amour éternel n'est qu'un mensonge de plus, après la fable de l'amour sans peur et sans reproche, après le drame de l'amour fou et désespéré.

– Mais comment peut-on vivre sans mensonge et se contenter de demi-mesures ? Une affection raisonnable et calme. La sensation de sérénité. La possibilité de continuer à tout faire comme avant, comme si de rien n'était, peut-être même mieux.

– Il faut se montrer réaliste dans la vie. Et se contenter de ce que l'on a. Même si ça ne suffit pas.

– Un amour aussi ennuyeux que la tasse de tisane à la camomille que j'avais préparée à deux heures de l'après-midi pour me calmer et que j'avais ensuite jetée... »

Mais peut-être est-ce moi qui continue de ne pas comprendre. C'est moi qui suis toujours prisonnière des histoires que je lisais enfant.

Liste des amours désespérées qui m'ont accompagnée pendant mon enfance : l'amour de Catulle qui ne veut pas oublier les *candidi tibi soles* passées avec Lesbie, l'amour de Leopardi pour Silvia, l'amour de Madame Bovary et d'Ophélie, l'amour d'Adèle H. et du jeune Werther, l'amour qui tue Didon après le départ d'Énée, celui qui brise les douces tresses d'Ermengarda, celui de Madame de Tourvel dans *Les Liaisons dangereuses*, celui de la petite sirène qui se transforme en écume pour le prince.

L'amour peut-il nous faire perdre la raison ? Peut-on mourir d'amour ?

Douleur. Douleur encore et toujours. Dans l'espoir de rencontrer celui ou celle qui s'en apercevra. Et qui ne nous abandonnera pas. Et qui ne nous trahira pas.

Jacques ne comprend pas quand je lui dis que *Madame Bovary, c'est moi*. Ou alors Anna Karénine. Ou Camille Claudel.

Jacques ne peut pas comprendre. Mais, dans le fond, ça n'a guère d'importance.

Dans le fond, il n'y a rien à comprendre.

Jacques rigole. Et aujourd'hui, moi aussi je ris et me moque de moi-même. Peut-être ne suis-je qu'une « idiote contrariée ». Voici ma vraie nature. Entravée par mon père, bien sûr. Il ne pouvait tout de même pas supporter une telle stupidité. Surtout après avoir décidé que sa fille était (devait être ?) exactement comme lui.

Je ne vous raconte même pas tous les efforts que j'ai dû faire pour ériger un échafaudage de rationalité et faire semblant de ne pas être stupide.

Même si aujourd'hui encore, c'est sur cet échafaudage que je continue de m'appuyer pour ne pas tomber.

Sauf quand je perds le fil et que je me disperse, m'enlisant toute seule dans la brume des remords.

Intermède n° 7

> *Mais celui qui aime quelqu'un à cause de sa beauté, l'aime-t-il ? Non ; car la petite vérole, qui tuera la beauté sans tuer la personne, fera qu'il ne l'aimera plus. Et si on m'aime pour mon jugement, pour ma mémoire, m'aime-t-on, moi ? Non ; car je puis perdre ces qualités sans me perdre moi-même. On n'aime donc jamais personne, mais des qualités.*
>
> Pascal, *Pensées*

D'après Pascal, l'amour repose sur une série de propriétés : chez une personne, on n'aime pas ce qu'elle est mais ce qu'elle a. Comme si l'amour n'était qu'un calcul et qu'il suffisait dès lors de dresser la liste de tout ce qui nous plaît et de chercher celui ou celle qui possède le plus grand nombre de ces caractéristiques pour trouver la bonne personne. Si je suis sensible à la beauté, il me faut simplement rencontrer une personne belle. Si l'intelligence me plaît davantage, je n'ai qu'à chercher le plus intelligent.

Et si la vérité de l'amour n'était pas dans le « plus » mais dans le « moins » ? Et si la « bonne personne » était celle qui est capable de nous offrir seulement son « rien » ?

Si Pascal avait raison, nous saurions tous pour quelles raisons nous aimons telle personne plutôt qu'une autre, et personne ne se sentirait gêné à la question : « Excuse-moi, mais pourquoi tu l'aimes ? » Il suffirait de dresser la liste de tout ce qu'elle a. Il suffirait d'énumérer les caractéristiques que nous avons toujours cherchées et enfin trouvées.

Dommage que, dans la vie, cela ne se passe jamais ainsi et que personne ne sache avec certitude ce qu'il désire. Dommage que l'on s'accroche au peu de chose que l'on aperçoit, au presque rien qu'on lui colle dessus car on ne peut faire autrement que de lui coller dessus ce que nous voudrions qu'il soit.

Dans le « il était exactement comme je voulais qu'il soit », il n'y a rien de rationnel. Ce ne sont jamais ses qualités qui nous font aimer quelqu'un. Ce n'est jamais ce qui se voit de l'extérieur qui rend une personne précieuse à nos yeux.

Dans l'amour, il y a un dialogue souterrain entre ce que nous sommes, et qui est inaccessible du dehors (parfois même à nous-même), et ce qu'est une autre personne, et qui ne se voit pas de l'extérieur. Ce quelque chose qui se communique sans qu'on en soit conscient et sans le vouloir. Et qui laisse une trace indélébile seulement quand on aime, et justement parce qu'on aime.

L'amour n'est pas un simple corollaire de la connaissance, comme l'explique Nicolas Grimaldi. L'amour ne fait ni de comptes ni de comparaisons. L'amour aime ce que nous sommes quand nous cessons d'apparaître et de nous montrer. Quand nous renonçons à être comme nous pensons que les autres voudraient que nous soyons.

Nous n'aimons pas quelqu'un parce qu'il arrive au premier rendez-vous drapé de charmes et juché sur son cheval blanc, mais peut-être parce que, sous son manteau, se dissimule un secret qui nous émeut. Quelque chose d'indéfinissable qui nous déstabilise. Un son qui susurre et suggère. Peut-être une réponse. Au moins une. Bien que notre demande d'amour reste toujours insatisfaite.

Nous aimons cette blessure que l'autre porte en lui. Ce sanglot étouffé quand il était enfant. Car chaque enfant a étouffé quelque chose. Même celui qui prétend le contraire et revêt le masque de l'indifférence.

On n'aime pas une personne pour ce qu'elle nous donne. On l'aime pour ce qu'elle nous cache. Ce que nous devinons quand nous la regardons à son insu. Cette tendresse dissimulée derrière une plaisanterie avec laquelle elle cherche à chasser la poussière de notre regard.

En amour, on n'offre rien. C'est pour cette raison que l'amour est un mystère impalpable. Et que, mettant de côté les gestes qui s'accumulent dans la tentative désespérée de «tout» donner, on se rend compte qu'on ne possède rien.

On se persuade d'offrir notre personne pour combler le vide, faisant de nous-même l'objet du désir de l'autre. Sans comprendre que, quand on se fait l'objet du désir de l'autre, on disparaît, parce que l'amour, comme le désir, n'est jamais que l'amour de rien.

Tout est une fiction, une supercherie quand l'amant déclare : «Je suis à toi.» Car, en amour, il n'y a pas grand-chose «à toi» et «à moi». À part «ton» désir de te réapproprier ton être à travers mon regard et «mon» désir de comprendre qui je suis quand je me mire dans tes gestes.

À part «notre» amour.

Qui dure à tout jamais.

29

L'amour aime toujours

Autrefois, je partageais l'avis de Pascal – et je le dis exprès, afin de donner l'occasion à celui qui me lit de penser : mais pour qui elle se prend, celle-là ? Comment peut-elle seulement se dire d'accord ou non avec Pascal ?

Mais revenons-en à Pascal, car, à une époque, j'étais moi aussi persuadée que l'amour n'était que l'amour de quelque chose. De la beauté ou de la sensibilité, de l'intelligence ou de la douceur.

« Et si tout disparaissait, que resterait-il de l'amour ? » me demandais-je, convaincue qu'un jour ou l'autre je trouverais la réponse.

Je sais aujourd'hui que Pascal a tort. Parce que l'amour aime toujours. Même quand tout le reste disparaît.

Si l'amour s'éteignait parce que l'autre change, se transforme, vieillit ou tombe malade, il ne vaudrait rien. Il ne serait qu'un amas de papiers déchirés.

L'amour est fait de ce qu'on a partagé. Le passé ou une histoire, un secret ou une douleur. Même si le contour des ténèbres que nous avons traversées nous échappe.

L'amour que je porte à mon frère est comme ça, infini. Notre enfance nous unit. Le fait d'avoir vécu les mêmes choses, y compris l'innommable, ce que nous ne pourrons jamais raconter. Tout ce qui demeure, même quand tout le reste est perdu.

Nous seuls savons ce que voulait dire la terreur de ne pas être à la hauteur des attentes de notre père, la culpabilité de ne pas être comme il fallait, le sentiment de devoir toujours faire quelque chose pour donner un sens à l'existence, la violence de ces mots qui effacent, parfois de ces gestes… Comment faudrait-il être, papa ? C'est quoi rater sa vie ?

L'amour que je porte à mon frère est comme ça, éternel. Il sera toujours là. Même si, aujourd'hui, nous ne nous voyons pas très souvent. Il a changé. Il n'est plus mon petit frère. Il n'a plus besoin que je le protège. Parfois il m'énerve. Les mêmes manies et obsessions que notre père. Le même regard réprobateur et sévère…

« Et si maman commence à tout oublier et à ne plus savoir s'exprimer correctement ? Si elle devient imprévisible et te répond mal ?

– C'est toujours maman.

– Si elle ne te reconnaît plus ? Si elle ne sait plus que tu es sa fille ?

– C'est toujours maman.

– Tu l'aimes tout pareil ? Comme avant ?

– Comme toujours. Rien ne change. »

L'amour exige la vérité. Sur les êtres et sur les choses. Même quand la vérité devient opaque. Et au fond, c'est bien comme ça, la vérité n'est jamais transparente.

Finalement, il ne reste que quelques phrases : « Tu le veux, prends-le ! » « Tu me veux, me voici ! » « Tu m'appelles, j'arrive ! » Quelques phrases qui résument tout ce que maman a fait, dit, tu, effacé. Même si je ne saurai jamais comment ma mère a vraiment vécu.

Faire, dire, taire, effacer.

Quand il suffisait de partir en claquant la porte.

Alors oui, maman sera toujours maman. Même s'il ne devait plus y avoir ni projets ni mémoire. Un amour qui aime tout seul. Car, en face, il n'y a plus de réponses.

Il suffirait de la sentir et de la toucher. Il suffirait de compatir. Et de donner une bribe d'amour à celle qui nous a tant aimés, plus que sa propre vie. Comme seule une mère peut le faire.

Même si, moi, je ne le saurai jamais.

« Si j'avais un enfant, je devrais me lever tôt le matin pour l'emmener à l'école, pas vrai ? »

30

Je passe mon temps à me perdre

« Tu me manques. Tout le temps.

– Je suis avec toi. »

Mais qu'est-ce qu'il raconte ? Où est-il donc ?

Il n'est pas là quand je me lève le matin. Il n'est pas là quand j'ai besoin de pleurer. Il n'est pas là quand je cherche sa main pour la serrer fort.

Très très fort. Comme un enfant qui s'accroche.

« Donne la main à maman. Serre-la fort et ne la lâche jamais. Sinon tu vas te perdre. »

Donne-moi la main. Serre-la fort. Sinon je vais me perdre.

Et en effet, je me perds. Je passe mon temps à me perdre. Je ne trouve pas la bonne route. Je ne la reconnais pas, bien que je l'aie déjà traversée.

Si je n'ai pas mémorisé quelques détails, il n'y a rien à faire. Je me perds.

L'escalier de l'immeuble, le marchand de tabac, la banque, le feu rouge. Cette vitrine de livres anciens, la pizzeria à la coupe, la bijouterie – avec la montre en acier pour homme que tu voulais m'offrir à Noël.

Où suis-je ? Où est-ce que je me trouve ?

Je cherche le plan, je cherche la place, je cherche la rue. Si je me concentre, je retrouve tout. Mais je ne trouve rien. Je perds la rue. Je perds la place. Je perds le plan.

Parfois, je perds aussi ma voix. Et je n'arrive même plus à demander de l'aide.

Peut-être parce que je n'arrive pas à lui pardonner. Cet enfant que je n'ai jamais eu. Cette vie soudain vide de tout. Sans couches. Sans lait en poudre. Sans pièces de Lego à chercher sous le lit.

À la maison, il y a seulement des tonnes de livres. Mais ils ne servent à rien.

Je me perds surtout quand je suis en retard. Je ne parviens à faire la paix ni avec l'espace ni avec le temps. Même si, en anticipant les échéances, j'ai peu à peu appris à maîtriser le temps. L'espace, non. Mon rapport à l'espace est depuis trop longtemps conflictuel. Depuis l'enfance, quand je jouais à faire la toupie. Je tournais, je tournais, je tournais. À en avoir le tournis jusqu'à tomber par terre.

Comme aujourd'hui. J'ai une heure de pause avant de reprendre les cours. Je sors faire un tour. De toute façon, tout est là. Concentré dans quelques rues. Gauche, droite, gauche. Puis tout droit jusqu'à la boulangerie pour acheter un sandwich, que je commence à manger en chemin. Gauche, droite, gauche. Puis toujours tout droit.

Où suis-je ? Je ne me suis quand même pas encore perdue ?

Crise de panique. Tandis qu'il se met à pleuvoir. Crise de panique qui ne disparaît pas. Avant de revenir sur mes pas pour refaire le même parcours en sens inverse.

Toujours tout droit. Puis à gauche, à droite et de nouveau à gauche.

Si on a quelques notions de psychanalyse, on sait bien que le fait de se perdre est le meilleur moyen de lutter contre le sentiment que l'on a de s'être perdu de vue. On se persuade alors que le problème ne vient pas de nous. Qu'il s'agissait juste d'un moment d'étourderie. Qu'on peut y remédier facilement. Qu'il suffit de faire plus attention.

On se perd pour ne pas voir la vérité en face : ce que nous sommes et ce que nous voulons. Ce que nous ne savons parfois plus, car nous avons passé trop de temps à chercher à être exactement comme les autres auraient voulu que nous soyons.

« Que restera-t-il de moi après la mort ? Que reste-t-il de nous quand nous n'avons pas d'enfants ? »

On ne frappe pas un enfant. Pas même avec une fleur. On n'efface pas l'anxiété d'une mère. On n'ôte pas le pain de la bouche de quelqu'un qui a faim. On ne prive pas une femme d'un enfant.

Ça ne se fait pas. Un point c'est tout.

31

L'écho de ce qui aurait pu être

La nostalgie est faite d'instants fugaces où tout semble facile. Tout ce qui aurait pu être fait et ne l'a pas été. Tout ce qui a été fait et n'aurait pas dû l'être.

La nostalgie est bâtarde. Elle nous remplit d'illusions. Comme la nuit, quand on n'arrive pas à dormir et qu'on refait le monde sur le papier. On a l'impression qu'il suffit d'appuyer sur un bouton pour revenir en arrière et tout recommencer du début. Alors que, en réalité, on ne change jamais le passé. Et parfois même pas le présent.

Comment oublier ce qu'on a perdu et cherché et réclamé ? Comment arrêter de se plaindre ?

Tout réapparaît quand la nostalgie nous submerge. Le jour où je suis partie, vidant la maison de tous ses souvenirs, les clefs jetées sur la table de chevet sans un mot parce que j'en avais déjà tellement gaspillé.

« Et qu'est-ce qu'il a fait ?

– Il a cherché plusieurs fois à m'avoir au téléphone. Il voulait comprendre.

– Et toi ?

– Je lui ai dit d'arrêter. Que c'était fini entre nous.

– Pourquoi ? »

Ce jour où j'ai décidé de ne pas revenir. Parce que c'était à lui de venir à ma rencontre, et que je ne voulais plus entendre cette fichue excuse, « Je ne peux pas ». Ça m'énervait. Ça me laissait sans force.

« Ne me regarde pas comme ça !

– Comment comme ça ?

– Avec ce regard.

– Quel regard ? »

Ce jour où je lui ai menti. Parce que j'avais à nouveau peur et que je ne voulais pas faire le compte des lettres perdues, des paquets jamais expédiés, des phrases toutes faites. La cigale et les étoiles. La noce et le passant. Le ciel et la marée.

« Et si tu rencontres quelqu'un d'autre ?

– Je reste auprès de toi.

– Et si c'est moi qui m'en vais ?

– Je te suis.
– Et si notre amour s'éteint ?
– Il ne s'éteindra pas.
– Qu'est-ce que tu en sais ? »

L'amour et la nostalgie vont toujours de pair. On aime quand on perd. Et on perd toujours. Le sommeil ou la paix. Ou simplement l'envie de se lever le matin.

Dans l'amour, il y a toujours l'écho de ce qu'on a perdu enfants. Quand nous étions trop petits pour ne pas nous briser. Comme ce vase que j'avais fait tomber par terre.

« Éloigne-toi tout de suite ! » m'avait dit ma mère, effrayée par tous ces éclats de verre. Elle avait oublié de me dire que ça n'avait aucune importance, que tout allait bien, que ce n'était pas grave. C'était la seule chose qu'elle voulait me dire, parce que, dans le fond, elle se moquait pas mal du vase.

Mais peut-être que seuls les gens qui n'ont pas eu d'enfants connaissent l'amour sans conditions et sans compromis, parce qu'ils ont appris à combler le vide sans attendre que les enfants le remplissent.

« Qu'est-ce que tu en sais, toi, de l'amour d'une mère ? De tout ce que j'ai dû faire pour arrêter de penser que je devais toujours être là, que je ne pouvais jamais vous laisser, que j'aurais tout fait pour vous, absolument tout, même mourir ?

– Et toi, tu en sais quelque chose de mon amour ? De tout ce que j'ai dû faire pour arrêter de me sentir coupable parce que je n'étais pas à la hauteur, parce que tu ne l'aurais jamais fait, parce que ta joie dépendait de la mienne ? »

32

L'amour d'une mère

La vie nous blesse tous. Sans exception. Même celui qui semble tout avoir, et qui en réalité a tout, mais pas cette chose-là, celle qu'il désirait tant, celle que d'autres ont, même si les autres n'ont peut-être pas ce qu'ils voudraient avoir et que lui possède.

La vie nous blesse. Et il n'y a pas d'amour qui vaille. Car aucun amour ne pourra jamais panser les blessures d'une existence que nous subissons sans « si » et sans « mais ». Et qui s'impose comme une évidence, même quand nous aurions toutes les raisons du monde de dire « non » ou de nous plaindre.

Je voudrais tellement le faire comprendre à la mère des enfants de Jacques. Mais elle ne veut rien savoir. La seule chose qu'elle connaisse, c'est l'amour de Jacques – celui qu'elle n'a plus, bien qu'elle ait tout fait pour le garder ; celui que moi j'ai sans avoir rien fait pour le mériter.

L'amour est comme la vie : il ne connaît pas les raisons de la justice et de l'injustice. Au contraire. La plupart du temps, c'est tout simplement injuste. Car on ne peut rien faire pour l'obtenir. Soit il existe, soit il n'existe pas.

Et il laisse bien souvent sur son chemin trop de victimes innocentes. Des hommes et des femmes qui n'ont pas commis d'autre faute que celle d'être comme ils sont, ni meilleurs ni pires que les autres.

Comme la mère des enfants de Jacques. Qui n'a sûrement rien de mauvais. Qui n'est ni meilleure ni pire que moi. Simplement différente.

« Autre » que ce dont Jacques avait peut-être besoin.

Mais elle a deux enfants. Les enfants de Jacques. Ceux que je n'ai pas et que j'aurais aimé avoir. Ceux que je n'aurai jamais. Ceux auxquels je pense chaque fois que je vois une femme enceinte, une femme avec un landau, une femme qui tient un enfant par la main, une femme qui, dans la rue, crie : « Arrête ! », une femme qui se penche pour ramasser un jouet tombé par terre. Ceux que j'aurais aimés, cajolés, gâtés.

J'aurais été une mère merveilleuse, pas vrai, mon trésor ? Pourquoi tu ne le dis pas que j'aurais fait une mère merveilleuse ? Pourquoi me laisses-tu avec ce vide immense ?

Mon enfant aurait eu tes yeux et ton sourire et tout ce que j'aime en toi, et j'aurais pu le faire rire, lui chanter des berceuses et lui apprendre des comptines… *Voici mon front, mon nez tout rond, et mon menton. Voici mes joues, elles sont à vous, embrassons-nous !*

Mon enfant aurait eu tes yeux et ton sourire et tout ce que j'aime en toi, et j'aurais pu l'emmener faire des tours de manège et lui raconter des histoires avant de le mettre au lit et lui expliquer la différence entre l'azur, l'indigo et le violet.

Et puis il y a le petit ange jaune, et le rose, et celui couleur du chien en fuite. Et tous les anges viennent te tenir compagnie pendant que tu fais dodo, maman ne te laisse jamais et t'aime très fort, vraiment très fort, tu sais combien je t'aime, pas vrai ?

Comment faire comprendre à la mère des enfants de Jacques que je n'ai rien à voir avec l'amour que Jacques ne lui a pas donné et que je ne peux pas aimer ses enfants comme s'ils étaient les miens ?

Comment lui expliquer ce que je ressens quand le téléphone sonne et que Jacques répond que c'est d'accord, qu'il arrive tout de suite, qu'il les prend ce week-end, même s'il avait prévu de le passer avec moi, mais qu'il comprend, c'est bon, les enfants ont besoin de lui.

Et moi ? Et les enfants que je n'ai pas eus ? Et le gouffre qui s'élargit ? Et cette angoisse qui creuse son chemin en moi parce que personne ne me dira jamais que je suis la plus belle maman du monde ?

Et moi ? Et les collages que j'aurais voulu faire avec eux ? Et les devoirs à la maison ? Et le bain du soir ?

Et moi ? Et tout ce que j'ai vécu et que je m'étais promis de ne jamais faire vivre à mes enfants ? Et tout cet amour que je porte en moi et dont je ne sais pas quoi faire, car même mes étudiants n'en veulent pas, pour qui je me prends, je ne suis pas leur mère ?

La mère des enfants de Jacques ne sait rien de tout ce que je dois me dire pour me convaincre que cela n'a pas d'importance, qu'on ne peut pas tout avoir, que l'amour de Jacques devrait me suffire.

Elle ne sait pas que je me réveille au beau milieu de la nuit en proie à la panique et que, pour retrouver le sommeil, je dois me répéter que je n'ai pas besoin de me lever tôt le lendemain matin pour emmener les enfants à l'école, que la directrice ne m'appellera pas pour m'annoncer qu'ils sont malades, que je n'ai pas à me soucier de leur avenir.

Elle ne sait pas ce que cela signifie de ne pas avoir d'enfants quand on en a toujours voulu et que l'on se rend compte que les années ont passé, qu'on n'a plus le temps, qu'il est trop tard...

Comme toutes celles qui me regardent du haut de leur amour maternel, parce qu'une mère le sait, une mère se sacrifie, une mère ne s'arrête jamais, une mère fait tout... Et qui se permettent de juger ma vie, car seule une mère connaîtrait l'amour inconditionné et pourrait en parler, à l'inverse d'une femme comme moi, qui n'en sait rien du tout, qui s'assied à un bureau, et qui disserte !

Tu le sais, toi, que j'aurais fait une mère merveilleuse, pas vrai ? Et que si j'avais eu un enfant, je n'aurais peut-être pas autant éprouvé le besoin d'écrire et de parler et de faire tant d'autres choses. Tu le sais que ce vide me persécute et que rien ne pourra jamais le combler, n'est-ce pas ?

33

Les comptes ne sont pas justes

On dit que seul l'amour maternel ne connaît pas de frontières et que seule une mère sait que son amour est le plus beau de tous.

On dit que lui seul est capable d'abattre tous les obstacles et de toujours aller de l'avant.

On dit que tout autre amour est bien peu de chose en comparaison et que, tant qu'on ne l'a pas vécu, on ne peut rien comprendre.

Mais qu'est-ce que les gens racontent ? Qu'en savent-ils ? Et les mères méchantes ? Oui, méchantes, car il en existe. Les mères qui n'aiment pas leurs enfants. Les mères qui les abandonnent. Les mères qui les négligent. Les mères qui ont autre chose en tête. Toujours autre chose. Même quand elles passent leur temps à parler de leur progéniture.

Vanité des vanités, disait l'Ecclésiaste. Vanité des vanités, tout est vanité !

Quel profit l'homme retire-t-il de toute la peine qu'il se donne sous le soleil ?

Une génération s'en va, une génération arrive, et la terre subsiste toujours.

On dit que chaque mère serait prête à se sacrifier. On dit qu'il n'existe pas d'amour plus grand que celui de celle qui donne sa vie pour ses enfants. On dit que c'est justement cela, le sens de l'amour : mourir par amour.

Comme le montre l'histoire de Chiara Corbella, une jeune femme de vingt-huit ans qui a sacrifié sa vie pour que son enfant vive. Chiara est morte il y a quelques années, après avoir donné naissance à son bébé. Pendant la grossesse, pour ne pas risquer de porter atteinte à la vie de l'enfant qu'elle portait, elle avait refusé les traitements qui auraient pu la sauver de son cancer. Après la naissance du bébé, le cancer s'était propagé dans tout son corps, et il n'y eut plus rien à faire pour Chiara.

Comment un enfant survit-il à la mort de sa mère ? Comment un père peut-il aimer son enfant si la mère est morte pour lui donner la vie ?

Le soleil se lève, le soleil se couche ; il se hâte de retourner à sa place, et de nouveau il se lèvera.

Le vent part vers le midi, il tourne vers le nord; il tourne et il tourne, et il recommence à tournoyer.

Tous les fleuves vont à la mer, et la mer n'est pas remplie; dans le sens où vont les fleuves, les fleuves continuent de couler.

Tout discours est fatigant, on ne peut jamais tout dire. L'œil n'a jamais fini de voir, ni l'oreille d'entendre.

On dit que l'histoire de Chiara est une histoire de vie parce que celle-ci se transmet seulement quand on la donne. On dit que Chiara l'a tout de suite compris, bien qu'elle n'eût que vingt-huit ans. On dit que Chiara a été héroïque dans le sens évangélique du terme, un modèle radieux d'espérance chrétienne. Un exemple pour toutes les mères, car elle s'en est remise à Lui, qui comme toujours ferait de grandes choses.

On dit que la vie a triomphé, et qu'aujourd'hui l'enfant est en bonne santé, bien que Chiara ne soit plus là, bien que l'enfant n'ait plus de mère.

Mais quand dit-on que Chiara avait encore toute la vie devant elle et qu'elle pouvait vivre et rire et jouer ? Et que son enfant devra, peut-être, vivre à jamais avec le poids de la culpabilité ?

Quand dit-on que le sacrifice n'a aucun rapport avec l'amour, car la mort efface tout, tout, tout ?

Puis, j'ai considéré tous les ouvrages que mes mains avaient faits, et la peine que j'avais prise à les exécuter ; et voici, tout est vanité et poursuite du vent, et il n'y a aucun avantage à tirer de ce qu'on fait sous le soleil.

Et si derrière cette folie du sacrifice se cachait seulement l'illusion qu'ont les hommes de se prendre pour Dieu ? Être pareil à Dieu, parfait, comme Lui, être un saint, comme Lui.

Un délire d'omnipotence. Le péché originel.

Être pareil à Lui : n'est-ce pas ce que le serpent siffle à Ève pour la tenter ?

On ne peut pas donner à n'importe quel prix. On ne peut pas toujours donner. On ne peut pas donner quand on a déjà tout donné.

Même par amour. Surtout par amour.

Et ce chant me revient en mémoire – maman, je ne l'aime pas du tout, pourquoi le chantes-tu encore ? Pourquoi faudrait-il se rendre esclave par amour ? L'amour rend libre, n'est-ce pas, maman ?

Offri la vita tua
Come Maria ai piedi della croce
E sarai servo di ogni uomo

Servo per amore,
Sacerdote dell'umanità

La Vierge au pied de la croix. Qui assiste au supplice de son fils. Comment a-t-elle fait pour ne pas mourir de douleur ? Comment a-t-elle fait pour ne pas s'élever contre le sort ?

Les hommes les plus terribles, écrit Elias Canetti, sont ceux qui savent tout et y croient. Et qui prétendent que si on demande pardon, si on s'explique, si on se justifie et si on fait le compte de ce qu'on donne et de ce qu'on reçoit, il n'y a plus d'amour.

Mais comment, en amour, ne pas faire ses comptes, même si on sait qu'ils ne peuvent jamais être justes ?

Un temps pour déchirer et un temps pour coudre,
Un temps pour se taire et un temps pour parler,
Un temps pour aimer et un temps pour haïr,
Un temps pour la guerre et un temps pour la paix.

Intermède n° 8

Le désir est de l'ordre du vertige. C'est le vide qui lui donne sa consistance. On ne peut que tourner autour du désir. On n'a jamais fini de le définir, on n'arrête jamais de le circonscrire.

Stéphane Zagdanski, *Autour du désir*

Le désir n'est pas une chose fixe, déterminée une fois pour toutes. À la différence du besoin, ce n'est pas un objet de consommation. C'est une fuite, une tension, un déclic.

Ce à travers quoi s'exprime notre subjectivité dès lors que nous renonçons à faire d'une autre personne l'objet de notre besoin.

Accepter sa fracture – dont naît tout désir – équivaut à reconnaître que l'autre non plus ne possède pas ce que nous n'avons pas, ce qui nous manque pour être tout ce que nous voudrions être ; cela signifie admettre la dépendance qui nous lie à l'objet de notre amour bien que l'autre la refuse ; cela implique de renoncer à le transformer en une chose à posséder ou à détruire.

Puis faire la paix avec ce vide qui est en nous. Et qui fait mal. Même si c'est justement là que s'embrase le désir.

D'autant que le problème de fond n'est même pas le vide. Celui-ci, nous le connaissons tous et nous ne pouvons rien faire pour le combler.

Le problème, c'est l'abîme. Cet abîme qui s'ouvre quand il n'y a plus que le vide, quand on sombre dans l'angoisse de l'attente et qu'on se convainc que chaque chose dépend de l'autre. S'il ne me regarde pas, je n'existe pas. S'il ne me répond pas, je disparais. S'il ne m'aime pas, je meurs. Et, alors, le désir devient infini.

Si tout dépend de lui, il ne nous reste qu'à nous laisser glisser vers le néant. Comme lorsque nous étions enfants et que nous ne réussissions pas à « tenir debout tout seuls », comme le dit Donald W. Winnicott en parlant des mères qui n'arrivent pas à être « suffisamment bonnes ». Parce qu'une mère ne peut bien sûr pas prétendre être parfaite, mais elle devrait être capable de s'occuper d'un enfant qui n'a rien demandé et qui dépend entièrement d'elle.

Si on n'apprend pas à se tenir debout en comprenant qu'une mère nous aime même quand elle n'est pas avec nous, que sans elle nous ne nous effondrons pas, qu'après s'en être allée, elle revient, que l'amour n'arrête jamais d'aimer même quand il n'est pas à côté de nous, on ne peut pas contenir le vide qui s'ouvre en nous lorsqu'on est tout seul.

Et le désir de l'avoir devient insoutenable. Car même avec lui on n'arrive pas à « se tenir debout ».

Le problème n'est pas le vide – la sensation de vide est intrinsèque à la condition humaine et au désir qui nous soutient.

Le problème, c'est l'abîme qui nous engloutit quand nous n'arrivons pas à imaginer notre vie sans l'autre, quand nous sommes séparé de lui. Car il n'y a pas d'amour sans séparation. À moins d'imaginer que l'amour soit omnipotent, comme celui d'une mère psychotique, persuadée que ses enfants ne sont rien sans elle.

Délire de toute-puissance de bien des parents d'aujourd'hui, incapables de souhaiter le bien de leurs enfants, peut-être parce qu'eux-mêmes sont suspendus au-dessus d'un abîme noir et sans fond.

Des mères irrévérencieuses qui voudraient ne jamais se séparer de leurs enfants, les empêchant de devenir adultes. Des pères obsédés qui enferment leurs enfants à l'intérieur d'un monde minuscule, sans portes ni fenêtres, sans désir ni espoir. Des parents pervers qui étouffent le désir d'autrui pour que leurs enfants ne puissent avoir « aucun autre Dieu » qu'eux-mêmes.

Il n'y a pas d'amour si on n'accepte pas la séparation. Quand on fait la paix avec l'incomplet et l'inachevé et qu'on sort du vortex de la fusion.

La tentation la plus grande, quand on aime, est celle de prendre l'autre pour soi-même, de le dévorer, de le placer là où il nous manque tout. Sans comprendre que le rêve de pouvoir un jour posséder l'objet de notre désir est une simple illusion : l'autre nous échappe, et c'est très bien comme ça ; l'autre s'éloigne, c'est ainsi, et il est bon qu'il le fasse. Comme l'écrit Emmanuel Levinas : « Autrui – absolument autre – paralyse la possession qu'il conteste par son épiphanie dans le visage. Il ne peut contester ma possession que parce qu'il m'aborde, non pas du dehors, mais du haut. Le Même ne pourrait s'emparer de cet Autre à moins de le supprimer. »

Certes, c'est alors une débandade générale, mais on comprend ensuite que le seul moyen de dépasser la solitude, c'est d'accepter les parties inconnues de notre être et nos fragilités. Avec l'espoir que celui que nous aimons n'en profite jamais.

Car l'amour est par définition dépendant : je dépends de ses regards et de ses paroles, de sa façon de m'accueillir et de m'accompagner, de ses sautes d'humeur et de sa colère.

Mais c'est aussi cette capacité de résistance à l'abandon, ce fil d'acier, ce « je m'en sortirai même si tu me quittes » qui nous tient en vie quand nous sommes submergés par les ténèbres.

S'ouvrir à l'altérité et prendre le risque de s'aliéner.

S'ouvrir à l'altérité en dépit de nos peurs pour nous en sortir.

Et découvrir que nous en avons besoin pour survivre au vide.

34

Avec le temps, on finit par apprendre

L'homme que j'aime m'apporte mon café chaque matin et chasse les cauchemars de la nuit en passant sa main sur mon visage.

L'homme que j'aime est toujours présent, même quand il est loin. L'amour n'est pas seulement fait de petits gestes, mais aussi du partage de ce secret que l'on garde en soi.

L'homme que j'aime est la parole qui berce ma plainte, même quand il me demande de me taire. Car c'est parfois le silence qui nous aide à supporter.

Quand on cherche les mots justes pour expliquer ce qui nous manque et ce qui nous console, la pensée s'égare. Au lieu de suivre les lois de la logique, elle s'enlise dans les paradoxes et les contradictions de l'inconscient où il n'est presque jamais vrai que A et non-A, en tant que propriétés d'un même objet s'excluent l'un l'autre.

Surtout lorsqu'on s'aventure dans le monde obscur de son passé, à la recherche de ce moment particulier, de cet instant où tout aurait commencé. Et que l'on se rend compte que l'on est confronté à quelque chose dont on ne connaîtra jamais la nature.

Le temps non plus n'est pas linéaire pour l'inconscient. Il n'existe pas un avant et un après. Il n'existe qu'un présent sans fin dans lequel nous serons toujours ce que nous étions et ce que nous serons.

Des filles, des sœurs, des mères, des grands-mères, qui répètent la même rengaine, pareille à un disque rayé.

Comment accepter les défauts et la peine – la peine du renoncement et de la perte, de ces caprices qui n'en étaient pas car on ne faisait que chercher un peu d'affection, un peu de cette patience qu'il faut avoir pour recommencer alors qu'il nous reproche notre manque de courage ? Comment s'accepter vraiment ? Qui sait comment nous sommes réellement ?

L'amour est la clef, l'amour est la réponse.

Cet amour qui arrive toujours après. Après avoir cessé de vouloir et de contrôler. Après avoir appris à ne rien exiger. Après avoir compris qu'il faut se contenter d'être là, en silence, seulement quand c'est nécessaire.

Avec le temps, on finit par apprendre : l'impact avec la réalité est dramatique, et il est inutile d'espérer qu'un jour, peut-être, tout sera différent.

Avec le temps, on finit par apprendre : la joie commence quand on accepte le fait que le passé ne passe jamais ; quand on commence à savoir vivre avec le désordre.

Même quand on se perd en chemin.
Et qu'il est trop loin pour venir nous chercher.

35

Additions et soustractions

Chaque jour, je règle mes comptes avec l'amour. Avec ce que Jacques veut et ce qu'il ne veut pas. Avec ce qu'il fait et ce qu'il ne fait pas. Avec ce qu'il est et ce qu'il n'est pas. Et ne sera jamais.

Qui est-il vraiment ? Et moi, qui suis-je ?

J'additionne et je multiplie, en dressant des colonnes de nombres, bien alignés, pour ne pas faire d'erreurs avec la retenue. Pendant ce temps, je révise les propriétés associative et distributive, comme lorsque j'étais enfant. Et la commutative ? Ah oui, bien sûr, il y avait aussi celle-là ! Bien. Tout va bien, à nouveau. Je peux continuer.

C'est quand j'arrive aux soustractions que ça se complique. La propriété invariante s'applique-t-elle ici aussi ? Si je pose 15 – 5 ou 18 – 8, le résultat est le même, n'est-ce pas ?

Je continue de confondre la vie et les mathématiques, comme lorsque, enfant, j'étais fascinée par l'ordre et la rigueur des chiffres. Sans comprendre le danger qu'il y a à oublier que, dans l'existence, la « stabilité sémantique » qu'exige tout raisonnement n'est qu'un faux-semblant. Car la vie est pétrie de paradoxes et d'hyperboles. Et la validité formelle ne veut rien dire. Au contraire. Elle empêche parfois de voir ce qui se cache au fond des choses.

C'est comme si je ne voulais pas accepter que, dans la vie, surtout quand on parle d'amour, les comptes ne sont jamais justes.

Que peut-il bien rester de l'amour, une fois soustraites la tendresse et la patience ? Que reste-t-il si tu n'es pas capable de m'écouter ?

Les soustractions d'amour ne font pas crédit. On ne peut pas emprunter un peu d'écoute pour compenser la soustraction de l'enfance et des souvenirs. L'écoute ne se prête pas. Et peut-être cela vaut-il mieux, vu que l'on n'arrive jamais à raconter correctement ses souvenirs d'enfance.

Comment expliquer cette angoisse subite, cette impuissance face à son regard, cette peur de voler en éclats ? Comment expliquer toute cette violence, invisible de l'extérieur ? Comment la dire, alors que je ne sais même pas la nommer ?

Elle s'est immiscée en moi et a tout dévasté. Tout ce qui cherchait à s'épanouir et à sortir. Tout ce qui avait encore une saveur et une odeur. Tandis qu'en moi ne reste que le noir, mêlé à la colère de celle qui n'arrive pas à dire « Non ».

« Oui, merci ! » « Oui, bien sûr ! » « Oui » et encore « Oui » et toujours « Oui ». Si un « Non » m'échappe, c'est seulement pendant la nuit. Un « Non » que je hurle à trois heures du matin, et qui me tient éveillée jusqu'à l'aube.

Comme lorsque j'étais petite. Et que je me réveillais en sueur. Après avoir passé la nuit à me disputer avec mon père et à crier dans mes rêves : « Non, tu as tort ! » « Non, tu n'as pas toujours raison ! » « Non, arrête ! »

Cette histoire de crédit ne me va pas du tout. Je la trouve injuste et insupportable. Comme la souffrance des enfants. Pourquoi Dieu la permet-Il ? Pourquoi n'envoie-t-Il pas les anges et les archanges pour les emmener loin de leurs maisons inondées de douleur ? Pourquoi les abandonne-t-Il seuls au milieu des ténèbres ?

Gesù mio mi metto nelle tue mani, tienimi tu, tienimi stretta fino a domani. Gesù mio fammi fare una nanna lunga lunga lunga, fammi essere buona buona buona. Gesù mio fai star bene me, papà, mamma, il fratellino e i nonni amen.

Cette prière, maman l'avait composée spécialement pour moi. Une douce berceuse qu'elle fredonnait en me caressant la tête pour me bénir.

« Miséricorde de Dieu, d'où provient toute vie et tout bonheur.
J'ai confiance en toi !
Miséricorde de Dieu, source de merveille étonnante.
J'ai confiance en toi !
Miséricorde de Dieu, qui embrasse l'univers entier.
J'ai confiance en toi !
Miséricorde de Dieu, qui nous accompagne tout au long de notre vie.
J'ai confiance en toi ! »

Mais où est donc toute cette miséricorde quand on comprend qu'il n'y a plus rien à attendre ni à espérer ?

Alors mieux vaut reprendre les additions et les multiplications. Là, au moins, rien ne se perd, tout s'accumule.

Bien sûr, les comptes finissent là aussi par ne plus être justes. Les habitudes après le réveil qui s'additionnent. Et qui, bientôt, nous étouffent. Le café qui attend sur la table de chevet, le froissement de sa chemise, le linge étendu au soleil, la mère qui allaite, la barbe de papa, la cigarette allumée, le tube de dentifrice, les confettis par terre...

Encore une liste de choses inutiles qui ne parviennent pas à remplir le vide que j'ai en moi, qui grandit au niveau du cœur, qui me dévore.

Comment remplir ces heures vides ? Quand va-t-il arriver ?

Je me le répète de façon obsédante. Je voudrais vraiment apprendre à me contenter de peu. Mais je n'y arrive pas. Je ne peux pas.

C'est plus fort que moi.

Et alors je joue à quitte ou double et je pointe sur la liste tout ce que j'aurais voulu faire et que je n'ai pas fait.

Les jours de pluie et les jours de rien.

Le tube de dentifrice vide et les marrons grillés.

La cigarette allumée et les chaussettes dépareillées.

Toi qui me souris.

Elle qui s'en va.

Je te touche, je dors à côté de toi, je me réveille tard.

Des choses simples et surprenantes. Comme neuves. Avant d'en retrouver l'écho en moi. Avant de lancer le dé et de tout perdre. Tout, une fois de plus.

Toi, les enfants, la maison…

Même les rêves se sont envolés. Puis je me glisse entre tes bras et j'oublie tout. Et je renonce pour toujours aux mots creux.

« Si j'avais un enfant, je devrais me lever tôt le matin pour l'emmener à l'école, pas vrai ? »

36

Et puis j'ai découvert qu'il y avait autre chose...

Et puis, j'ai découvert qu'il y avait autre chose. Un autre amour. Immense.

Un amour qui, peut-être, était déjà là. Ou peut-être pas. Mais cela n'a guère d'importance. Car même s'il était déjà là, je ne le savais pas. Si bien qu'il est comme neuf. Tout neuf.

Et je me sens presque prête à refaire les mêmes erreurs, à perdre le sommeil, à rire à gorge déployée, à parier de nouveau, à tout perdre.

En fait, je suis déjà prête à refaire les mêmes erreurs, à perdre le sommeil, à rire à gorge déployée, à parier de nouveau, à tout perdre.

Comme si tout ce que j'ai déjà perdu ne suffisait pas. Comme si j'avais oublié que, à force de tout perdre, on finit aussi par se perdre.

Mais cette fois, c'est différent. Je le sens. Je le sais. J'en suis certaine.

Cette fois, j'ai appris que je ne dois pas demander ce qu'il ne peut pas m'offrir, que je ne peux pas lui donner ce qu'il me demande, que l'amour n'a rien à voir avec la passion, et que c'est ce petit rien qui m'est le plus cher. Construire des châteaux de sable sur la plage, faire un tour de manège bigarré, rentrer à la maison et ne pas être d'accord sur la couleur du goudron, allumer la cheminée et rester des heures à regarder le feu.

Cette fois, c'est différent. Je le sens. J'en suis certaine.

Car même si je perds tout, je ne me perdrai pas moi-même. Ni cette envie de recommencer. Ni la certitude que personne ne peut plus me voler qui je suis, même si, ensuite, la nuit m'anéantit.

Et alors je plonge tête la première. Et je suis heureuse de refaire les mêmes erreurs, de perdre le sommeil, de rire à gorge déployée, de parier de nouveau, de tout perdre. Même si la fin n'est pas heureuse quand on se perd.

De toute façon, cette fois, je ne cherche même pas de fin heureuse.

Depuis que j'ai découvert qu'il y a autre chose, la fin heureuse ne m'intéresse plus.

Et alors je m'approche, puis je m'éloigne, puis je m'approche à nouveau.

Et j'apprends moi aussi à être là juste quand c'est nécessaire.

Être toujours là, mais de loin.

Être toujours là, mais à distance.

Distance de sécurité. Toujours, quoi qu'il en soit.

Même quand je sais que je peux baisser la garde parce que la vie l'exige.

Depuis que j'ai découvert qu'il y a autre chose, j'ai mis un peu d'ordre dans ma vie. Un équilibre précaire. Qui ne convient qu'à moi.

Même si parfois je m'y sens un peu à l'étroit. Parce que je voudrais m'arrêter là à tout jamais. Et rester près de cette fontaine bruyante qui pleure sous le soleil.

Rester là et me faire toute petite – si je me fais toute petite, je peux rester ? Je te promets de ne pas faire de bruit. Je ne bouge pas, je ne parle pas, je ne dis rien, je ne fume même pas. Je me mets dans un coin et je te regarde dormir. Je me mets dans un coin et je t'attends. Je me mets ici. Je t'attends.

Depuis que j'ai découvert qu'il y a autre chose, il m'arrive de pleurer.

Même s'il se fiche pas mal de mes larmes. Et ce n'est d'ailleurs pas pour lui que je pleure. Mais sur la vie. Parce qu'il est toujours trop tard.

Trop tard pour avoir un enfant. Trop tard pour le quitter. Trop tard. Trop tard aussi pour prier.

Avant de comprendre que le reste n'a aucune importance.

Quand il y a autant d'amour, tout se tient.

Table

1. Enfant, je rêvais de l'amour	11
2. Sans grande conviction	16
3. Sans contrepartie	20
4. Encore une minute	25
Intermède n° 1	29
5. Folle et capricieuse	35
6. Ce qui nous traverse	40
7. Je n'arrive pas à le lâcher	45
8. Tout commence avec la perte	48
9. Ce lointain de celui qui m'est proche	50
Intermède n° 2	55
10. Après la perfection	61
11. L'amour naît d'un détail	66
12. Quand les étreintes font défaut	72
Intermède n° 3	77
13. Qu'aurais-je pu faire de plus ?	84
14. Comme si de rien n'était	89
15. Une multitude de petits riens	92

16. Des paroles en l'air 97
Intermède n° 4 100
17. Rêves et compromis 106
18. Qu'est-ce que tu détestes le plus ? 114
19. Accepter la différence 119
20. Tâtonnements et erreurs 123
Intermède n° 5 126
21. J'aime *avec* toi 132
22. Il faut que j'arrête de me plaindre 136
23. Et puis on tombe... 139
24. Vingt minutes en tout et pour tout 143
Intermède n° 6 147
25. Avant, je ne supportais pas les contradictions 151
26. Jamais assez 155
27. Si le cœur se brise 159
28. Il n'y a rien à comprendre 164
Intermède n° 7 167
29. L'amour aime toujours 171
30. Je passe mon temps à me perdre 175
31. L'écho de ce qui aurait pu être 179
32. L'amour d'une mère 183
33. Les comptes ne sont pas justes 188
Intermède n° 8 193
34. Avec le temps, on finit par apprendre 198
35. Additions et soustractions 201
36. Et puis j'ai découvert qu'il y avait autre chose... 207

Cet ouvrage a été composé
par Datamatics
et achevé d'imprimer en France
par CPI Bussière
à Saint-Amand-Montrond (Cher)
pour le compte des Éditions Stock
31, rue de Fleurus, 75006 Paris
en août 2014

Imprimé en France

Dépôt légal : août 2014
N° d'édition : 02 – N° d'impression : 2011093
54-51-4337/5